10分で読める伝記

6年生

監修 塩谷京子

Gakken

もくじ

※この本《ほん》では、明治時代《めいじじだい》より前《まえ》に生《う》まれた日本人《じん》の年《ねん》れいについては、数《かぞ》え年《どし》で表《あらわ》しています。

夢《ゆめ》をあきらめずに
トロイを
発掘《はっくつ》した

シュリーマン

文・甲斐 望
絵・塚越文雄

ドイツにある町《まち》シュヴェリーン。小高《こだか》い丘《おか》から、七歳《さい》の少年《しょうねん》が町《まち》を見下《みお》ろしています。少年《しょうねん》は、言《い》いました。

「ねえ、お父《とう》さん。あそこに見《み》える古《ふる》いとうの中《なか》には、財宝《ざいほう》がかくされているって話《はなし》だよ。いっしょに行《い》こうよ。ぼく、絶対探《ぜったいさが》してみせる。」

町《まち》には、さまざまな言《い》いつたえを持《も》つ場所《ばしょ》がありました。ゆうれいが出《で》るという中世《ちゅうせい》の古城《こじょう》、巨人《きょじん》の墓《はか》だといわれる丘《おか》の古墳《こふん》……、不思議《ふしぎ》な話《はなし》を聞《き》くと、少年《しょうねん》の胸《むね》は高鳴《たかな》り、確《たし》かめずにはいられないのです。

かれの名《な》は、ハインリヒ・シュリーマン。今《いま》から二百年《ひゃくねん》ほど前《まえ》、この町《まち》で生《う》まれました。

「ハインリヒは本当《ほんとう》に、不思議《ふしぎ》な話《はなし》が好《す》きだねえ。」

そう言《い》ってお父《とう》さんはある日《ひ》、一冊《さつ》の本《ほん》を買《か》ってくれました。『子《こ》どものための世界歴史《せかいれきし》』。そこには、何千年《なんぜんねん》も前《まえ》に誕生《たんじょう》して消《き》えていったといわれる伝説《でんせつ》の古代都市《こだいとし》「トロイ」の話《はなし》がのっていました。伝説の英雄たちがくりひろげる大戦争《だいせんそう》。燃《も》えさかり、火《ひ》の海《うみ》になるトロイ——この場面《ばめん》にシュリーマンの心《こころ》は、すっかりとりことなってしまったのです。

「お父《とう》さん。トロイはきっと、本当《ほんとう》にあったと思《おも》う。ぼく、探《さが》したい。」

すると、お父《とう》さんは笑《わら》って答《こた》えました。

「トロイ伝説《でんせつ》のお話《はなし》は、三千年以上《さんぜんねんいじょう》も前《まえ》に書《か》かれたものだよ。それにもし実際《じっさい》にあったとしても、あとかたもなく消《き》

えているはずさ。」

「絶対見《ぜったいみ》つけてみせる。そのために、大学《だいがく》に行《い》って考古学《こうこがく》を勉強《べんきょう》する。」

けれども、シュリーマンのその夢《ゆめ》は、かないませんでした。

九歳《さい》でお母《かあ》さんが亡《な》くなり、お父《とう》さんは、教会《きょうかい》のお金《かね》を勝手《かって》に使《つか》ったという疑《うたが》いをかけられ、仕事《しごと》を失《うしな》ってしまったのです。シュリーマンは十四歳《さい》で学校《がっこう》を卒業《そつぎょう》し、故郷《こきょう》の町《まち》をはなれて、働《はたら》くことになったのでした。

寒《さむ》い冬《ふゆ》のこと。食《た》べ物《もの》もなく、お金《かね》も底《そこ》をついたシュリーマンは上着《うわぎ》を売《う》り、ふるえながら仕事《しごと》を探《さが》しつづけました。そして、ようやく船乗《ふなの》りの仕事《しごと》を見《み》つけました。さびついた小《ちい》さな船《ふね》で、遠方《えんぽう》に物資《ぶっし》を運《はこ》ぶ仕事《しごと》です。

「やっとこれで、なんとか生活《せいかつ》してゆけるぞ。」

でもそれは、危険《きけん》な旅《たび》の始《はじ》まりでした。風《かぜ》の強《つよ》いある夜《よる》、シュリーマンたちを乗《の》せた船《ふね》が、高波《たかなみ》に流《なが》されてしまったのです。

ガッシャーン！　バリバリバリッ。

船《ふね》が横風《よこかぜ》を受《う》け、難破《なんぱ》しました。海《うみ》をさまようこと――九時間《じかん》。乗組員《のりくみいん》を乗《の》せた非常用《ひじょうよう》ボートは、きせき的《てき》に、海岸《かいがん》にたどりつきました。

そこは、見《み》たこともないオランダの砂《すな》浜《はま》でした。

「ああ……大事《だいじ》な荷物《にもつ》を失《うしな》ってしまった。」

乗組員《のりくみいん》たちがとほうにくれる中《なか》、たった一つ――シュリーマンのかばんだけが砂浜《すなはま》に流《なが》れついていたのです。

「おお、なんというきせきだ……。」

シュリーマンの心《こころ》は、ふるいたちました。

「これも運命《うんめい》かもしれない。よし、わたしはオランダに残《のこ》り、仕事《しごと》を探《さが》そう。外国《がいこく》で仕事《しごと》をするには、まず言葉《ことば》を学《まな》ばなくては。」

二十歳《さい》のことでした。シュリーマンは、郵便《ゆうびん》の仕事《しごと》をしながら、仕事《しごと》で使《つか》うための英会話《えいかいわ》の勉強《べんきょう》にはげみました。一冊《さつ》の本《ほん》を一時間《じかん》かけて音読《おんどく》し、作文《さくぶん》を書《か》いて読《よ》みます。これを毎日《まいにち》欠《か》かさずくりかえしました。

「あきらめないぞ。ぼくには、トロイを探《さが》しあてる夢《ゆめ》があるんだ。」

すると、半年間《はんとしかん》で英語《えいご》を話《はな》せるようになったのです。その後《ご》もフランス語《ご》やオランダ語《ご》、スペイン語《ご》、ポルトガル語《ご》、ギリシャ語《ご》など、おどろくほどのスピードで、世界《せかい》の言葉《ことば》を覚《おぼ》えていったのです。

外国語《がいこくご》という武器《ぶき》を身《み》につけると、今度《こんど》は、大事業《だいじぎょう》の話《はなし》がまいこみました。海外《かいがい》の商人《しょうにん》とインドの藍《あい》（染物《そめもの》に使《つか》われる植物《しょくぶつ》）を取《と》り引《ひ》きする仕事《しごと》です。仕事《しごと》はみごと大成功《だいせいこう》。シュリーマンは大富豪《だいふごう》となったのです。四十歳《さい》ごろのことでした。

「長《なが》くかかってしまったなあ。でも、トロイの夢《ゆめ》が近《ちか》づいてきたぞ。」

お金《かね》をためたシュリーマンは、

仕事《しごと》を辞《や》めて、世界一周《せかいいっしゅう》の旅《たび》に出《で》かけました。古代《こだい》の歴史《れきし》を学《まな》ぶ旅《たび》です。エジプトのピラミッド、インドの宮殿《きゅうでん》、中国《ちゅうごく》の万里《ばんり》の長城《ちょうじょう》……日本も訪《おとず》れました。

その後《ご》、パリで考古学《こうこがく》を勉強《べんきょう》し、一八六八年《ねん》、いよいよトロイ伝説《でんせつ》が語《かた》りつがれる舞台《ぶたい》へと向《む》かったのです。四十六歳《さい》の夏《なつ》のことでした。

「おお……これが夢《ゆめ》に見《み》た、あの伝説《でんせつ》の地《ち》か……。」

広大《こうだい》な平原《へいげん》を前《まえ》に、シュリーマンは目《め》のくらむ思《おも》いでした。しゃく熱《ねつ》の太陽《たいよう》がオリーブの樹木《じゅもく》に照《て》りつけるギリシャの町《まち》イタカ。ここは、本《ほん》の中《なか》でトロイ戦争《せんそう》の英雄《えいゆう》・オデッセウスが城《しろ》を築《きず》いたとされているところです。気温《きおん》五十度《ど》以上《いじょう》の暑《あつ》さの中《なか》、シュリーマンは四人《にん》の使用人《しようにん》とともに、ナイフで地面《じめん》をほりはじめました。

シャク、シャク、シャク、シャク……。

あせが滝《たき》のようにしたたります。かめいっぱいの飲《の》み水《みず》は、すぐになくなりました。それでも、シュリーマンは、喜《よろこ》びに満《み》ちあふれていました。みながつかれて手《て》を休《やす》めても、シュリーマンは続《つづ》けます。食事《しょくじ》も忘《わす》れ、毎日早朝《まいにちそうちょう》から夕暮《ゆうぐ》れまで……シャク、シャク、シャク。すると——、

カチーン！

「なんだ、これは。」

姿《すがた》を現《あらわ》したのは、城壁《じょうへき》の一部《いちぶ》と思《おも》われる、大《おお》きな二つの切《き》り石《いし》でした。

「めずらしい。でもこれは多分《たぶん》、トロイよりずっとあとの時代《じだい》のものだ。」

心《こころ》を新《あら》たに、シュリーマンは、周辺《しゅうへん》の町《まち》を調《しら》べはじめました。次《つぎ》つぎに貴重《きちょう》な古代《こだい》の城跡《しろあと》が出《で》てきます。けれども、どれもトロイとはほど遠《とお》いものでした。シュリーマンは、トロイ戦争《せんそう》の、船出《ふなで》の場面《ばめん》を想像《そうぞう》しました。

「ここは、海《うみ》から遠《とお》すぎる。もっと、海岸《かいがん》に近《ちか》い場所《ばしょ》を探《さが》そう。全財産《ぜんざいさん》をなげうっても、構《かま》わない。絶対《ぜったい》、トロイにたどりついてみせる！」

シュリーマンは、百名以《ひゃくめいい》上《じょう》もの発掘隊《はっくつたい》を動員《どういん》しました。地元《じもと》の人《ひと》びとの話《はなし》を聞《き》きながら、「ここがトロイだ」

といわれる場所《ばしょ》を次《つぎ》から次《つぎ》へと、ほりおこしたのです。一年《ねん》、二年《ねん》がたち——三年目《ねんめ》、ついにトルコにある「ヒッサリクの丘《おか》」にたどりついたのでした。

「泉《いずみ》だ。泉《いずみ》があるぞ。これはもしかすると……伝説《でんせつ》の英雄《えいゆう》たちが、戦争《せんそう》でのどをうるおした、あの泉《いずみ》かも……。」

発掘隊《はっくつたい》の最前列《さいぜんれつ》で、シュ

リーマンは我《われ》を忘《わす》れて、ほりつづけました。

シャク、シャク、シャク……。やがて——カチーン！

現《あらわ》れたのは、想像以上《そうぞういじょう》に巨大《きょだい》な城壁《じょうへき》です。深《ふか》さ数十《すう》メートルもありそうです。いよいよ胸《むね》が、高鳴《たかな》りました。

「こ……ここだ。きっとここにちがいない。進《すす》めるぞ。」

そのとき。ザザーッ。

両側《りょうがわ》の土《つち》がくずれ、発掘隊《はっくつたい》の頭《ず》上《じょう》におそいかかってきたのです。

「わあっ、にげろ。」

危《あや》うく土《つち》にうもれてしまうところでしたが、なんとか全員助《ぜんいんたす》かりました。発掘《はっくつ》は常《つね》に、危険《きけん》と背中《せなか》

合《あ》わせです。それでもシュリーマンは、決《けっ》して手《て》を休《やす》めません。やがて、城壁《じょうへき》の中《なか》から、何《なに》かが姿《すがた》を現《あらわ》しました。城《しろ》のはじとはじをつなぐ通路《つうろ》、天《てん》に向《む》かってのびる回《かい》廊《ろう》……それはまさに、かつての古《こ》代都市《だいとし》・トロイの宮殿《きゅうでん》そのものでした。

「まちがいないぞ。ト、トロイは本当《ほんとう》に……。」

シュリーマンが言《い》いかけた、そのときです。

キーン。

目《め》の覚《さ》める音《おと》とともに、土の中からまばゆい「光《ひかり》」が現《あらわ》れたのです。

「こ、これは……。」

黄金《おうごん》のかんむり、黄金《おうごん》のさかずき、黄金《おうごん》のネックレスに黄金《おうごん》の耳輪《みみわ》……。

すべてが金色《きんいろ》にかがやく、おびただしい数《かず》の財宝《ざいほう》でした。

「あったのだ。トロイは、あったのだ。」

シュリーマン、五十一歳《さい》。世紀《せいき》の大発見《だいはっけん》でした。

かれの発掘《はっくつ》がきっかけで、トロイには七千年《せんねん》も前《まえ》から人《ひと》びとが暮《く》らしていた、ということがのちにわかりました。考古学の歴史に、新たな一ページが刻《きざ》まれたのです。

少年《しょうねん》のころの夢《ゆめ》をあきらめず走《はし》りつづけた、ハインリヒ・シュリーマン。情熱《じょうねつ》の発掘家《はっくつか》は、六十八歳《さい》で、永遠《えいえん》の静《しず》かなねむりにつきました。

ハインリヒ・シュリーマン（一八二二～一八九〇年《ねん》）

語学《ごがく》の天才《てんさい》

シュリーマンはたくさんの国《くに》の言葉《ことば》を読《よ》み書《か》きすることができました。それは、かれの独特《どくとく》の勉強方法《べんきょうほうほう》にありました。「たくさんの言葉《ことば》を音読《おんどく》すること。決《けっ》して翻訳《ほんやく》しないこと。毎日《まいにち》一時間《じかん》を勉強《べんきょう》に当《あ》てること。興味《きょうみ》のあることについて作文《さくぶん》を書《か》き、それを先生《せんせい》に添削《てんさく》してもらうこと。前日直《ぜんじつなお》されたものを暗記《あんき》して、次《つぎ》の時間《じかん》に暗《あん》しょうすること。」この方法《ほうほう》によって、英語《えいご》もフランス語《ご》も、それぞれわずか六か月《げつ》で習得《しゅうとく》してしまいました。

戦《たたか》いのない
江《え》戸《ど》時《じ》代《だい》を
作《つく》った

徳《とく》川《がわ》 家《いえ》康《やす》

文・高橋みか　絵・イトウケイシ

徳川家康《とくがわいえやす》は、三河国《みかわのくに》（今《いま》の愛知県《あいちけん》）の松平家《まつだいらけ》に生《う》まれ、幼《おさな》いころの名《な》を松平竹千代《まつだいらたけちよ》といいました。

竹千代《たけちよ》が生《う》まれたころの日本は、まさに戦国時代《せんごくじだい》真《ま》っただ中《なか》。武将《ぶしょう》たちが少《すこ》しでも多《おお》くの土地《とち》を得《え》ようと、戦《いくさ》ばかりしていた時代《じだい》でした。

竹千代《たけちよ》が三歳《さい》のとき、大《おお》きなできごとが起《お》こります。それまで松平家《まつだいらけ》は、勢力《せいりょく》の強《つよ》い今川家《いまがわけ》と織田家《おだけ》にはさまれ、苦《くる》しい立場《たちば》にありつつも、今川《いまがわ》家《け》に守《まも》られてなんとか独立《どくりつ》していました。

ところが、竹千代《たけちよ》の母方《ははかた》の実家《じっか》が今川家《いまがわけ》を裏切《うらぎ》ったために、竹千代《たけちよ》の両親《りょうしん》は離婚《りこん》せざるをえなくなってし

まいます。あとつぎとして父親《ちちおや》に引《ひ》きとられた竹千代《たけちよ》は、たった三歳《さい》で母親《ははおや》とはなればなれにされてしまったのでした。

それだけではありません。六歳《さい》になった竹千代《たけちよ》は、今川家《いまがわけ》を裏切《うらぎ》らないしょうことして、人質《ひとじち》に出《だ》されてしまいます。今川家《いまがわけ》の領地《りょうち》である駿《する》河国《がのくに》（今《いま》の静岡県《しずおかけん》）に連《つ》れていかれるはずでしたが、とちゅうでさらわれて、なんと織田家《おだけ》の人質《ひとじち》として、尾張国《おわりのくに》（今《いま》の愛知県《あいちけん》）の武将《ぶしょう》・加藤順盛《かとうよりもり》の家《いえ》に預《あず》けられました。

ここでは、人質《ひとじち》という身分《みぶん》ではありましたが、竹千代《たけちよ》はわりと自由《じゆう》な生《せい》活《かつ》を送《おく》ることができました。年をとってからも好きだったという「タカ狩《か》り（タカを使《つか》って小鳥《ことり》やウサギなどの小《ちい》さな動物《どうぶつ》を狩《か》ること）」を、このころ覚《おぼ》えたといわれています。放《はな》ったタカを追《お》いかけているとき、竹千代《たけちよ》はこれまでの悲《かな》しみや、人質《ひとじち》として生《い》きるつらさを忘《わす》れることができました。また、このタカ狩《が》りは、竹千代《たけちよ》の体《からだ》をきたえるためにも役立《やくだ》ちました。

竹千代《たけちよ》は、尾張国《おわりのくに》にいたときに、ある人物《じんぶつ》と出会《であ》います。それは、戦《せん》国武将《ごくぶしょう》として名高《なだか》い、かの織田信長《おだのぶなが》でした。のちに歴史《れきし》に名《な》を残《のこ》すことになる二人《ふたり》は、実《じつ》は少年《しょうねん》のうちに出《で》会《あ》っていたのです。

二年後《ねんご》、竹千代《たけちよ》は生《う》まれ育《そだ》った岡崎城《おかざきじょう》へといったん帰《かえ》りますが、そこにいるはずの父《ちち》の姿《すがた》はありませんでした。裏切《うらぎ》った家臣《かしん》に殺《ころ》されてしまったのです。幼《おさな》くして母《はは》と別《わか》れ、人質《ひとじち》としてとらわれている間《あいだ》に、父《ちち》をも失《うしな》ってしまったのでした。

さらに、せっかくもどった岡崎城《おかざきじょう》からも追《お》いだされ、今度《こんど》は今川家《いまがわけ》の人《ひと》質《じち》として過《す》ごすことになってしまいます。

しかし、竹千代《たけちよ》はどんなことにもめげずに、じっとたえつづけました。幼《おさな》いころからのそうした経験《けいけん》によって、竹千代《たけちよ》は人《ひと》を見《み》る目《め》や、周囲《しゅうい》の様《よう》子《す》から状況《じょうきょう》を判断《はんだん》する力《ちから》を身《み》につけていったのです。

「今《いま》に見《み》ておれ。いつか人質《ひとじち》から解放《かいほう》されたら……。岡崎城《おかざきじょう》を取《と》りもどし、城主《じょうしゅ》となってみせる。」

こうしたひそかな思《おも》いを胸《むね》に、武術《ぶじゅつ》にはげんだり、戦術《せんじゅつ》を学《まな》んだりして、過《す》ごしていました。

やがて、十四歳《さい》になった竹千代《たけちよ》は、元服《げんぷく》（男子《だんし》が大人《おとな》になったことを祝《いわ》う儀式《ぎしき》）をして松平元信《まつだいらもとのぶ》と名乗《なの》ります。その後結婚《ごけっこん》してからは、元康《もとやす》と名乗《なの》りました。

このころ、有力《ゆうりょく》な戦国大名《せんごくだいみょう》であった今川《いまがわ》義元《よしもと》が、織田信長《おだのぶなが》の軍《ぐん》に討《う》たれてしまいます。これをきっかけに岡崎《おかざき》へもどった元康《もとやす》は、やっと人質《ひとじち》という立場《たちば》から解放《かいほう》されることになりました。

父広忠《ちちひろただ》が亡《な》くなってから十一年《ねん》もの歳月《さいげつ》を経《へ》て、ようやく岡崎城《おかざきじょう》を取《と》り

もどすことができたのです。長《なが》い間《あいだ》、元康《もとやす》の帰《かえ》りを今《いま》か今《いま》かと待《ま》ちのぞみ、苦《くる》しい生活《せいかつ》を強《し》いられていた家臣《かしん》たちは、なみだを流《なが》して喜《よろこ》びました。元康《もとやす》も、自分《じぶん》がいない間《あいだ》の家臣《かしん》たちの苦労《くろう》を思《おも》い、なみだをこらえることができませんでした。

こうして岡崎城《おかざきじょう》の城主《じょうしゅ》となった元康《もとやす》は、織《お》田家《だけ》の信長《のぶなが》と同盟《どうめい》を結《むす》びました。この同盟《どうめい》は「清洲同盟《きよすどうめい》」と呼《よ》ばれています。元康《もとやす》二十一歳《さい》、信長《のぶなが》二十九歳《さい》のときでした。裏切《うらぎ》り、裏《うら》切《ぎ》られることも多《おお》かった戦国時代《せんごくじだい》において、この同盟《どうめい》は、信長《のぶなが》が死《し》ぬまで守《まも》られつづけました。

元康《もとやす》の「元《もと》」の字《じ》は、今川義元《いまがわよしもと》からもらったものでした。今川家《いまがわけ》からの完全《かんぜん》な決別《けつべつ》を表《あらわ》すため、この後《ご》は家康《いえやす》と名乗《なの》ります。さらに一五六六年《ねん》には、三河国《みかわのくに》の支配者《しはいしゃ》となり、松《まつ》平家康《だいらいえやす》から徳川家康《とくがわいえやす》に改名《かいめい》しました。

その後《ご》は戦国時代《せんごくじだい》を生《い》きる武将《ぶしょう》として、家康《いえやす》はたくさんの戦《いくさ》を経験《けいけん》することになります。中《なか》でも苦戦《くせん》を強《し》いられたのは、武田信玄《たけだしんげん》との戦《たたか》いでした。ふだんはだれより冷静《れいせい》で慎重《しんちょう》な家康《いえやす》でしたが、このときばかりは無謀《むぼう》な決《けっ》断《だん》をしてしまいます。わずか一万《まん》ほどの兵《へい》で、二万《まん》五千《せん》ほどもある武田軍《たけだぐん》にいどもうとしたのです。この戦《たたか》いで、徳川軍《とくがわぐん》は名《な》だたる武将《ぶしょう》たちの多《おお》くを失《うしな》うことになりました。

「との、早《はや》くにげてくだされ。」

家臣《かしん》がさけびます。

「何《なに》を言《い》うか。わしだけ、にげるわけにはいかない。」

「とのが生《い》きのびてくだされば、徳川家《とくがわけ》は続《つづ》いていくのです。」

家臣《かしん》は家康《いえやす》に向《む》かってきっぱりと言《い》いました。敵軍《てきぐん》が、すぐそこまでせまっています。

「うっ、すまぬ。」

家康《いえやす》はなみだをこらえて、馬《うま》を走《はし》らせたのでした。

命《いのち》からがら城《しろ》へともどった家康《いえやす》は、自分《じぶん》の判断《はんだん》の未熟《みじゅく》さを反省《はんせい》し、二度《にど》とこんな戦《たたか》いはすまいとちかいます。家臣《かしん》を置《お》いてにげかえってきた自分《じぶん》の情《なさ》けない姿《すがた》をわざわざ絵師《えし》にかかせ、いましめとしてそばに置《お》き、常《つね》にながめていたといわれています。

あるとき、ちょっとした行《い》きちがいから、信長《のぶなが》が家康《いえやす》に信《しん》じられないような命令《めいれい》を下《くだ》しました。家康《いえやす》がかわいがっていた長男《ちょうなん》の信康《のぶやす》を切腹《せっぷく》させよと言《い》うのです。これまで、さまざまなことにたえてきた家康《いえやす》とはいえ、この命令《めいれい》は何《なに》よりもたえがたいものでした。しかし、自分《じぶん》よりはるかに大《おお》きな力《ちから》を持《も》っている信長《のぶなが》の命令《めいれい》にさからうことはできません。信長《のぶなが》に命《めい》じられるまま、家康《いえやす》は信康《のぶやす》に切腹《せっぷく》をさせました。

「わしの力《ちから》が足《た》らんのが、いけないのだ。わしが今《いま》、天下《てんか》を取《と》っていたら、こんなことにはならなかったものを……。」

無念《むねん》でたまらない気持《きも》ちを必死《ひっし》におさえ、家康《いえやす》はいつの日《ひ》か必《かなら》ず天下《てんか》を取《と》ることを、心《こころ》にちかったのでした。

一五八二年《ねん》、大《おお》きな事件《じけん》が起《お》きました。天下統一《てんかとういつ》を目指《めざ》していた織田信長《おだのぶなが》を、家臣《かしん》であった明智光秀《あけちみつひで》が裏切《うらぎ》り、死《し》に至《いた》らしめてしまったのです。この知《し》らせに家康《いえやす》は大変《たいへん》おどろき、いつもの落《お》ちつきを失《うしな》いましたが、やがて気《き》を取《と》りなおして、光秀《みつひで》を討《う》つ計画《けいかく》を立《た》てます。ところが、家康《いえやす》より先《さき》に光秀《みつひで》を討《う》った人物《じんぶつ》がいました。羽柴《はしば》（豊臣《とよとみ》）秀吉《ひでよし》です。

家康《いえやす》は、一度《いちど》は秀吉《ひでよし》とも戦《たたか》いますが、やがて和解《わかい》し、秀吉《ひでよし》の天下統一《てんかとういつ》に協力《きょうりょく》するようになります。そして、関東《かんとう》を支配《しはい》していた北条氏《ほうじょうし》をほろぼし、その手《て》がらとして、秀吉《ひでよし》から北条氏《ほうじょうし》の土地《とち》をあたえられました。しかし当《とう》時《じ》の関東《かんとう》は、まだろくに開発《かいはつ》もされていないあれた土地《とち》だったのです。家《か》臣《しん》の中《なか》には、秀吉《ひでよし》に対《たい》してうらみごとを言《い》う者《もの》もいましたが、家康《いえやす》はくじけませんでした。新《あたら》しく田《た》を耕《たがや》し、町《まち》を作《つく》って、江戸《えど》を日本の中心《ちゅうしん》にしようと考《かんが》えはじめたのです。

秀吉《ひでよし》の死後《しご》、家康《いえやす》は関ヶ原《せきがはら》の戦《たたか》いで、石田三成《いしだみつなり》と戦《たたか》います。この戦《たたか》いは、「天下分《てんかわ》け目《め》の合戦《かっせん》」といわれたほど、大《おお》きなものとなりました。これに勝利《しょうり》した家康《いえやす》は、江《え》戸《ど》に幕府《ばくふ》を開《ひら》きます。

「人生《じんせい》は重《おも》い荷物《にもつ》を背負《せお》って遠《とお》い道《みち》を行《い》くようなものである。急《いそ》いではいけない。」

これは、家康《いえやす》が残《のこ》したたくさんの言葉《ことば》の中《なか》の一つです。幼《おさな》いころから人質《ひとじち》として、じっとたえる日《ひ》びを送《おく》ってきた家康《いえやす》だからこそ、この言葉《ことば》には重《おも》みがあります。

天下《てんか》を取《と》った家康《いえやす》は、政治《せいじ》の体制《たいせい》を整《ととの》え、経済《けいざい》を発展《はってん》させることに重点《じゅうてん》を置《お》きました。そして、戦国時代《せんごくじだい》を終《お》わらせて、武力《ぶりょく》によって争《あらそ》うことのない国《くに》を目指《めざ》しました。

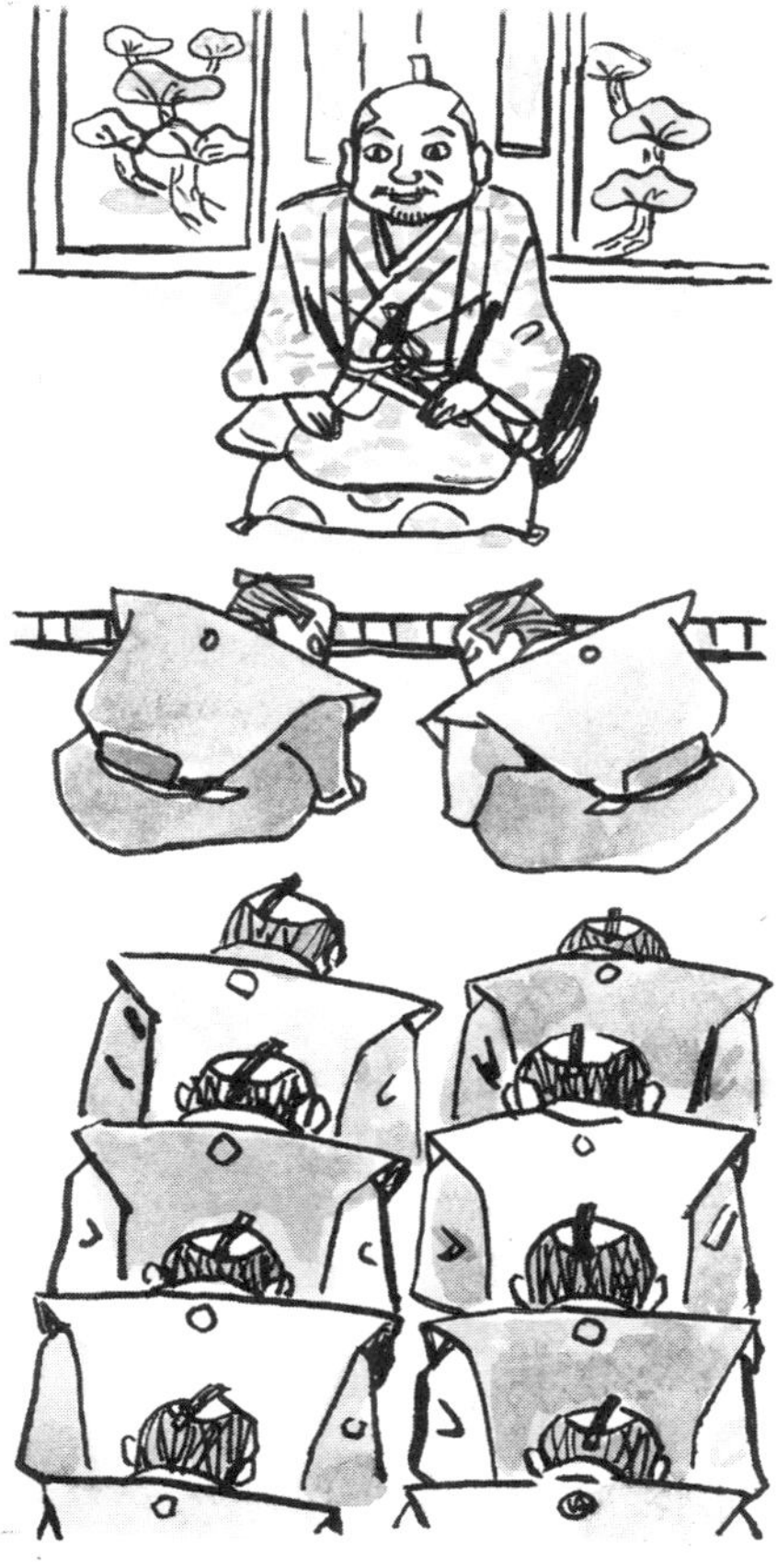

家康《いえやす》は、まさに現在《げんざい》の日本の土台《どだい》を作《つく》ったのです。
戦国《せんごく》の世に生まれ、人質《ひとじち》として苦労《くろう》した家康《いえやす》は、戦《たたか》いのない平和《へいわ》な世《よ》の中《なか》を望《のぞ》み、実現《じつげん》させました。その心《こころ》は、のちの将軍《しょうぐん》たちにも引《ひ》きつがれ、江戸《えど》幕府《ばくふ》は二百《ひゃく》六十年《ねん》にわたって続《つづ》くこととなったのです。

徳川家康《とくがわいえやす》
（一五四二～一六一六年《ねん》）

医者《いしゃ》も顔負《かおま》けの薬《くすり》の知識《ちしき》

家康《いえやす》は、ふだんから健康《けんこう》に気《き》をつかい、その結果《けっか》、当時《とうじ》の人《ひと》としては大変長生《たいへんなが い》きをしました。その家康《いえやす》の趣味《しゅみ》の一つは、薬作《くすりづく》りでした。薬《くすり》の知識修得《ちしきしゅうとく》に熱心《ねっしん》で、百《ひゃく》六十種類《しゅるい》もの漢方薬《かんぽうやく》の材料《ざいりょう》や、薬《くすり》を調《ちょう》合《ごう》する道具《どうぐ》を集《あつ》めていました。そして、さまざまな薬《くすり》を自分《じぶん》で調合《ちょうごう》することもありました。また、ずいぶん新《あたら》しもの好《ず》きだったようで、当時《とうじ》はやっていた魚《さかな》の天《てん》ぷらを食《た》べて腹痛《ふくつう》を起《お》こし、それがもとで亡《な》くなったといわれています。

近代《きんだい》日本に
新《あたら》しい文学《ぶんがく》を
おこした

夏《なつ》目《め》漱《そう》石《せき》

文・星　明子
絵・中村頼子

夏目漱石《なつめそうせき》は、明治時代《めいじじだい》から大正時代《たいしょうじだい》に活躍《かつやく》した小説家《しょうせつか》です。本名《ほんみょう》を夏目《なつめ》金之助《きんのすけ》といいます。金之助《きんのすけ》は、文学《ぶんがく》、中《なか》でも漢文学《かんぶんがく》（中国《ちゅうごく》の詩《し》や文《ぶん》）や、落語《らくご》が好《す》きでした。でも「これから役《やく》に立《た》つのは英語《えいご》だ」と、お兄《にい》さんにすすめられて、英語《えいご》や英文学《えいぶんがく》を勉強《べんきょう》し、東京帝国大学《とうきょうていこくだいがく》（今《いま》の東京大学《とうきょうだいがく》）に入《はい》りました。成績優秀《せいせきゆうしゅう》な学生《がくせい》でしたが、金之助自身《きんのすけじしん》は、自分《じぶん》の勉強《べんきょう》していることや、生《い》き方《かた》についてなやんでいました。

（勉強《べんきょう》は得意《とくい》だが、小《ちい》さいころから好《す》きな文学《ぶんがく》も、一生《いっしょう》けん命《めい》勉強《べんきょう》した英語《えいご》も、ちゅうとはんぱだ。わたしは、どう生《い》きるべきか。さっぱりわからない。）

そんな金之助《きんのすけ》は、大学《だいがく》に入《はい》るために通《かよ》っていた学校《がっこう》で、愛媛県出身《えひめけんしゅっしん》の正岡子規《まさおかしき》と親友《しんゆう》になりました。子規《しき》とは、落語《らくご》や文学《ぶんがく》が好《す》きなところで気《き》が合《あ》いました。金之助《きんのすけ》は、自分《じぶん》と比《くら》べて堂《どう》どうとしている子規《しき》にみりょくを

感《かん》じました。一方《いっぽう》、負《ま》けずぎらいで他人《たにん》に厳《きび》しい子規《しき》も、

「ふつう、漢文学《かんぶんがく》ができれば、英語《えいご》ができないというように、人《ひと》には得意《とくい》、不得意《ふとくい》があるものだ。だが、夏目《なつめ》はなんでもできる。」

と、金之助《きんのすけ》には一目置《いちもくお》いていました。

まじめな金之助《きんのすけ》とちがい、子規《しき》はほとんど勉強《べんきょう》しませんでした。試験《しけん》の前《まえ》になると食事《しょくじ》をごちそうして金之助《きんのすけ》に勉強《べんきょう》を教《おし》えてもらっていましたが、「文学《ぶんがく》の道《みち》に進《すす》む」と言《い》って、大学《だいがく》を辞《や》めてしまいました。

一方《いっぽう》、金之助《きんのすけ》は大学《だいがく》を卒業《そつぎょう》し、愛媛県《えひめけん》の松山《まつやま》で学校《がっこう》の先生《せんせい》をすることになりました。でも、もやもやとした気持《きも》ちは晴《は》れません。

そこへ、子規《しき》がひょっこりと訪《たず》ねてきました。新聞記者《しんぶんきしゃ》として働《はたら》きながら、俳句《はいく》を作《つく》ったり指導《しどう》したりしていましたが、結核《けっかく》が重《おも》くなってしまったので、里帰《さとがえ》りしてきたのです。そのころ結核《けっかく》は不治《ふじ》の病《やまい》（治《なお》らない病気《びょうき》）といわれていました。

金之助《きんのすけ》は二階建《にかいだ》ての家《いえ》を借《か》りて

いたので、自分《じぶん》は二階《かい》を使《つか》い、子規《しき》に一階《かい》を使《つか》ってもらうことにしました。子規《しき》は毎晩《まいばん》、俳句《はいく》の仲間《なかま》と句会《くかい》をします。金之助《きんのすけ》もそこに加《くわ》わり、七百《ひゃく》もの句《く》を作《つく》りました。金之助《きんのすけ》の作《つく》る俳句《はいく》は、子規《しき》の考《かんが》えとは少《すこ》しちがいましたが、子規《しき》は金之助《きんのすけ》の新《あたら》しい言葉《ことば》づかいやユーモアのセンスをほめました。二人《ふたり》で「新《あたら》しい文学《ぶんがく》をここからおこそう」と、語《かた》りあうこともありました。

愛媛《えひめ》での子規《しき》との日《ひ》びは、五十日《にち》ほど続《つづ》きましたが、子規《しき》がまた東京《とうきょう》へもどることになったので、それぞれの道《みち》を歩《あゆ》むことになります。

金之助《きんのすけ》は、熊本《くまもと》へ移《うつ》り、結婚《けっこん》しました。そして、国《くに》の留学生《りゅうがくせい》としてイギリスへ行《い》くことになりました。それでも文学《ぶんがく》や人生《じんせい》へのなやみは、留学先《りゅうがくさき》のロンドンの下宿《げしゅく》まで追《お》いかけてきます。

（文学《ぶんがく》は世《よ》の中《なか》でどう役《やく》に立《た》つのだろうか……。）

そこへ、結核《けっかく》とたたかいながら文学活動《ぶんがくかつどう》をしていた子規《しき》が亡《な》くなったという知《し》らせが届《とど》きました。三十六歳《さい》の若《わか》さでした。金之助《きんのすけ》は落《お》ちこみ、下宿《げしゅく》に閉《と》じこもってしまいます。「夏目《なつめ》がおかしくなった」といううわさが日本まで伝《つた》わり、帰国命令《きこくめいれい》が出《だ》されました。

日本に帰《かえ》っても、やはり元気《げんき》が出《で》ません。いらいらして、家族《かぞく》に八《や》つ当《あ》たりしてしまいます。

そんな金之助《きんのすけ》のところに、子規《しき》のお弟子《でし》さんの高浜虚子《たかはまきょし》が訪《たず》ねてきました。虚子《きょし》は心配《しんぱい》して「気晴《きば》らしに文章《ぶんしょう》を書《か》きませんか」と、さそいに来《き》たのです。

（文章《ぶんしょう》か……。書《か》ける気《き》がしない。書《か》いたところでどうなるだろうか。）

もんもんとしているところへ、真《ま》っ黒《くろ》なのらねこがやってきました。おくさんが追《お》いはらっても、またやってきます。金之助《きんのすけ》は、

「そんなにうちがいいなら、置《お》いてやったらいいじゃないか。」

と、言《い》いました。

めでたく夏目家《なつめけ》の一員《いちいん》となったねこでしたが、気《き》の向《む》くままにふらりとどこかへ行《い》ってしまったり、突然《とつぜん》現《あらわ》れて子《こ》どもたちをさわがせたり。金之助《きんのすけ》のなやみなどお構《かま》いなしの、マイペースです。

ある日《ひ》のこと。金之助《きんのすけ》は、虚子《きょし》の話《はなし》を思《おも》いだしながら、ぼんやりと、ねこと遊《あそ》んでいました。

ふと、金之助《きんのすけ》の表情《ひょうじょう》が変《か》わりました。原稿用紙《げんこうようし》を取《と》りだし、すごいスピードで、何《なに》か書きはじめました。なんだか、ものすごく集中《しゅうちゅう》しています。なんだか、しかもいつものしかめ面《つら》とはちがい、鼻歌《はなうた》でも歌《うた》いだしそうです。

ねこは、そんな変化《へんか》を感《かん》じているのか、いないのか……。あいかわらず、勝手《かって》に背中《せなか》に乗《の》ってきたりします。

「こんなものを書《か》いてみたんだが……。」

金之助《きんのすけ》は、書《か》きあげた文章《ぶんしょう》を、高浜虚子《たかはまきょし》に見《み》せました。

「……くくく……。あはははは。こんな小説《しょうせつ》は読《よ》んだことがありません。」

「読《よ》んでいると、我《われ》ながら……くくく、ああ、おもしろい。」

「何《なに》しろ、ねこが主人公《しゅじんこう》というのがふるっていますね。ところで、この新《あたら》しい小説《しょうせつ》の題名《だいめい》は。」

「『猫伝《ねこでん》』とでもしておこうか。それとも、書《か》きだしと同《おな》じにするか。」

「書《か》きだしの『吾輩《わがはい》は猫《ねこ》である』でいきましょう。」

——吾輩《わがはい》は猫《ねこ》である。名前《なまえ》はまだ無《な》い。——

ちょっぴり意地悪《いじわる》なねこが、人間社会《にんげんしゃかい》を語《かた》るお話《はなし》。有名《ゆうめい》な『吾輩《わがはい》は猫《ねこ》である』は、こうして生《う》まれました。

「こんなにおもしろい小説《しょうせつ》は、これまでになかった。」

「もっと読《よ》みたい。」

これが、作家《さっか》、夏目漱石《なつめそうせき》の本格的《ほんかくてき》なデビュー作《さく》となりました。雑誌《ざっし》に一回限《かいかぎ》りの気晴《きば》らしで書《か》いたつもりでしたが、人気《にんき》に応《こた》えて二年間《ねんかん》も続《つづ》き、連載《れんさい》をまとめた本《ほん》は、わずか二十日《はつか》で売《う》りきれました。

その次《つぎ》に書《か》いた『坊《ぼ》っちゃん』、『草枕《くさまくら》』も大《だい》ヒットします。

『坊《ぼ》っちゃん』は、愛媛県《えひめけん》での学校《がっこう》の先生《せんせい》の経験《けいけん》をもとに書《か》かれました。落語《らくご》のような生《い》き生《い》きとした文章《ぶんしょう》で、主人公《しゅじんこう》、坊《ぼ》っちゃんのまっすぐな感《かん》じ方《かた》や元気《げんき》な行動《こうどう》が伝《つた》わってきます。『草枕《くさまくら》』には、子規《しき》と楽《たの》しんだ俳句《はいく》や漢詩《かんし》のリズムが生《い》きています。小説家《しょうせつか》、夏目漱石《なつめそうせき》の名前《なまえ》は、日本中《じゅう》にすごい勢《いきお》いで広《ひろ》がりました。

人気作家《にんきさっか》となった漱石《そうせき》は、大学《だいがく》を辞《や》めて新聞小説家《しんぶんしょうせつか》になりました。新聞社《しんぶんしゃ》に入《はい》って書《か》いた最初《さいしょ》の小説《しょうせつ》『虞美人草《ぐびじんそう》』には、発表前《はっぴょうまえ》から大《おお》きな期待《きたい》が寄《よ》せられました。デパートは、「虞美人草浴衣《ぐびじんそうゆかた》」を、宝石店《ほうせきてん》は「虞美人草指輪《ぐびじんそうゆびわ》」を売《う》りだしました。

その後《ご》も、漱石《そうせき》は、五十歳《さい》で亡《な》くなるまで『三四郎《さんしろう》』『それから』『門《もん》』『こゝろ』『明暗』などの優《すぐ》れた作品《さくひん》を書《か》きました。「激《はげ》しい世《よ》の中《なか》で小説《しょうせつ》を書《か》き、未来《みらい》の青年《せいねん》の血《ち》や肉《にく》となりたい」という、かくごで「人《ひと》はどう生《い》きるべきか」「人《ひと》と人《ひと》の関係《かんけい》」「恋愛《れんあい》」「お金《かね》」などの、多《おお》くの人《ひと》に身近《みぢか》なテーマを追《お》いつづけました。書《か》かれた当時《とうじ》に人気《にんき》があっただけでなく、今《いま》も多《おお》くの人《ひと》に深《ふか》い感動《かんどう》をあたえています。夏目漱石《なつめそうせき》は、その一生《いっしょう》をかけて、百年後《ひゃくねんご》も大切《たいせつ》に読《よ》まれる小説《しょうせつ》を残《のこ》したのです。

夏目漱石《なつめそうせき》（一八六七～一九一六年《ねん》）

ねこの死亡通知《しぼうつうち》を出《だ》した

『吾輩《わがはい》は猫《ねこ》である』を書《か》くきっかけになったねこが死《し》んだとき、漱石《そうせき》はねこの死亡《しぼう》通知《つうち》のはがきを親《した》しい弟子《でし》たちにあてて出《だ》しました。

はがきには、「みなさまご存知《ぞんじ》のねこは病気《びょうき》をわずらっていましたが、昨夜《さくや》、物置《ものおき》のかまどの上《うえ》で死亡《しぼう》しました。箱《はこ》に入《い》れて裏庭《うらにわ》にまいそうしました。主人《しゅじん》は『三四郎《さんしろう》』の執筆中《しっぴつちゅう》でいそがしいので、お越《こ》しになる必要《ひつよう》はありません」という内容《ないよう》が書《か》かれていたそうです。

エンドウマメで
遺伝《いでん》のなぞを
解明《かいめい》した

メンデル

文・中原道夫
絵・山本祐司

「わたしはママに似《に》てまっすぐな髪《かみ》だけど、弟《おとうと》はパパに似《に》てくせっ毛《け》。」

このように、親《おや》の持《も》っている特徴《とくちょう》が子《こ》どもに伝《つた》わることを「遺伝《いでん》」といいます。でも、親《おや》の持《も》っている特徴《とくちょう》が必《かなら》ず子《こ》どもに伝《つた》わるわけではありません。親《おや》に似《に》ることもあれば、似《に》ないこともあります。そんな「遺伝《いでん》」のなぞを最初《さいしょ》に解《と》きあかした科学者《かがくしゃ》がメンデルです。

グレゴール・ヨハン・メンデルは、一八二二年《ねん》、オーストリア帝国《ていこく》のハインツェンドルフ（今《いま》のチェコ共和国《きょうわこく》）の農家《のうか》に生《う》まれました。働《はたら》きながら高校《こうこう》に通《かよ》い、苦《くる》しい生活《せいかつ》の中《なか》で病気《びょうき》になることもありました。メンデルは、二十一歳《さい》で哲学学校《てつがくがっこう》を卒業《そつぎょう》するとき考《かんが》えました。

「もっと勉強《べんきょう》を続《つづ》けたいけれど、働《はたら》きながら大学《だいがく》へ行《い》くのはつらいな。どうすれば勉強《べんきょう》を続《つづ》けていけるだろう。」

そこでメンデルが選《えら》んだのは、キリスト教《きょう》の修道院《しゅうどういん》に入《はい》って修道士《しゅうどうし》になるという道《みち》でした。修道士《しゅうどうし》はキリストの教《おし》えを厳《きび》しく守《まも》って共同生活《きょうどうせいかつ》をしながら、お祈《いの》りをしたり、キリスト教《きょう》を広《ひろ》めたりします。そこでの生活《せいかつ》は質素《しっそ》ですが、勉強《べんきょう》も続《つづ》けられそうでした。

メンデルは、ブルノという町《まち》の聖《せい》トマス修道院《しゅうどういん》に入《はい》りました。聖《せい》トマス修道院《しゅうどういん》には、いろいろな学問《がくもん》にくわしい修道士《しゅうどうし》がたくさんいて、大学《だいがく》の教《きょう》授《じゅ》になった人《ひと》もいました。立派《りっぱ》な図書館《としょかん》もありました。メンデルは勉強《べんきょう》が続《つづ》けられる修道院《しゅうどういん》に入《はい》れて満足《まんぞく》でした。

ところが、一つ苦手《にがて》なことがありました。修道士《しゅうどうし》の務《つと》めの一つに、近《ちか》くの病院《びょういん》に入院《にゅういん》している人《ひと》たちをはげまし、なぐさめる仕事《しごと》があります。修道士《しゅうどうし》として大事《だいじ》な仕事《しごと》です。でも、メンデルは病気《びょうき》に苦《くる》しんでいる人《ひと》を前《まえ》にすると、自分《じぶん》も苦《くる》しくなってしまうのです。病院《びょういん》へ行《い》くと思《おも》うだけでおそろしくなり、体《たい》調《ちょう》をくずしてしまうほどでした。

修道院長《しゅうどういんちょう》は、メンデルに言《い》いました。

「お前《まえ》は、病《やまい》に苦《くる》しむ人《ひと》をはげます仕事《しごと》がうまくできないようだね。それならば、得意《とくい》な学問《がくもん》を生《い》かして、子《こ》どもたちに教《おし》えることで世《よ》の中《なか》につくしなさい。」

一八四九年《ねん》、メンデルは近《ちか》くの中学《ちゅうがく》・高等学校《こうとうがっこう》に先生《せんせい》として教《おし》えに行《い》くようになりました。ラテン語《ご》とギリシャ語《ご》、数学《すうがく》を教《おし》えました。教《おし》え方《かた》も上手《じょうず》で生徒《せいと》や先生《せんせい》たちに好評《こうひょう》でしたが、正式《せいしき》な教師《きょうし》になるためには、国《くに》が行《おこな》う試験《しけん》を受《う》けて資《し》格《かく》を取《と》らなければなりません。

そこで、翌年《よくねん》、ウィーンへ行《い》ってその試験《しけん》を受《う》けました。ところが、学校《がっこう》の先生《せんせい》をしながらで、準備不足《じゅんびぶそく》だったため、不合格《ふごうかく》になってしま

いました。がっくりとかたを落《お》としたメンデルを見《み》て、院長《いんちょう》はもう一度《いちど》チャンスをあたえようと考《かんが》え、二年間《ねんかん》ウィーン大学《だいがく》で勉強《べんきょう》させてくれました。

ウィーンでは、当時世界《とうじせかい》のトップをいく学者《がくしゃ》たちから最新《さいしん》の植物学《しょくぶつがく》や物理学《ぶつりがく》、数学《すうがく》を学《まな》ぶことができました。これは、メンデルののちの研究《けんきゅう》に大変役立《たいへんやくだ》つことになりました。

留学《りゅうがく》からもどると、新《あたら》しくできた学校《がっこう》で理科《りか》（生物学《せいぶつがく》と物理学《ぶつりがく》）を教《おし》えました。メンデルは、とてもすぐれた先生《せんせい》でした。いつも楽《たの》しそうに授業《じゅぎょう》をし、はっきりわかりやすく説明《せつめい》したので、生徒《せいと》たちにしたわれていました。

正式《せいしき》な教師《きょうし》にはなれませんでしたが、メンデルは学校《がっこう》で教《おし》えつづけ、時間《じかん》を見《み》つけて修道院《しゅうどういん》の畑《はたけ》や温室《おんしつ》で過《す》ごす時間《じかん》を大切《たいせつ》にしました。農家《のうか》生まれのメンデルは、草花《くさばな》を育《そだ》てることが好《す》きなだけでなく、新《あたら》しい色《いろ》や形《かたち》の花《はな》をさかせることにも熱心《ねっしん》でした。

「メンデルさん、こんにちは。なんの花《はな》を育《そだ》てているのですか。」

通《とお》りかかった人《ひと》がこうあいさつすると、メンデルは答《こた》えました。

「エンドウですよ。」

「エンドウ？　豆《まめ》を食《た》べるのですか。」

「豆《まめ》を食《た》べるためでも、花《はな》をさかせて楽《たの》しむためでもありません。遺伝《いでん》の実験《じっけん》をするんです。」

遺伝《いでん》とは、親《おや》の持《も》つ特徴《とくちょう》が子《こ》どもに伝《つた》わることです。当時《とうじ》、知《し》られてはいましたが、よくわかっていませんでした。ウィーンで勉強《べんきょう》していたとき、メンデルの頭《あたま》の中《なか》に、植物《しょくぶつ》や動物《どうぶつ》の遺《い》伝《でん》には、何《なに》か決《き》まりがあるのではないかという考《かんが》えが芽生《めば》えていました。

メンデルは一八五六年《ねん》からエンドウを育《そだ》てはじめました。

エンドウは黄色《きいろ》の豆《まめ》ができる品種《ひんしゅ》では、子《こ》、孫《まご》、ひ孫《まご》の代《だい》になっても、ずっと黄色《きいろ》の豆《まめ》だけができます。緑色《みどりいろ》の豆《まめ》ができるエンドウは、ずっと緑《みどり》色《いろ》の豆《まめ》だけができます。

そこで、メンデルは黄色《きいろ》の豆《まめ》ができるエンドウと、緑色《みどりいろ》の豆《まめ》ができるエンドウをかけあわせてみました。

「おや、できた豆《まめ》は全部《ぜんぶ》黄色《きいろ》だぞ。」

黄色《きいろ》と緑《みどり》をかけあわせたので黄緑《きみどり》の豆《まめ》か、黄色《きいろ》と緑色《みどりいろ》の豆《まめ》が半分《はんぶん》ずつできそうですが、そうではありませんでした。

メンデルは、黄色《きいろ》と緑色《みどりいろ》をかけあわせてできた黄色《きいろ》の豆《まめ》の子《こ》がど

うなるのか、さらに調《しら》べてみました。

「今度《こんど》は、黄色《きいろ》だけでなく緑色《みどりいろ》の豆《まめ》もできた。どうして、こうなるんだろう……。たくさんのエンドウを育《そだ》てて調《しら》べれば、わかるにちがいない。」

そして、メンデルは、何年《なんねん》もかかって、かけあわせてできた黄色《きいろ》の豆《まめ》の子《こ》は、黄《き》3に対《たい》して緑《みどり》1の割合《わりあい》になることをつきとめました。

この研究《けんきゅう》はとても根気《こんき》のいるものでした。

メンデルは七年間《ねんかん》かけて、二万《まん》八千株《せんかぶ》ともいわれる、気《き》の遠《とお》くなるような数《かず》のエンドウを育《そだ》てて実験《じっけん》しました。豆《まめ》の色《いろ》だけでなく、「豆《まめ》が丸《まる》いものと、でこぼこなもの」、「背《せ》が高《たか》いものと、低《ひく》いもの」など七つの特徴《とくちょう》について、遺伝《いでん》の仕方《しかた》を調《しら》べたのです。

いったいどれくらいの数《かず》のエンドウを調《しら》べたのでしょう！　学校《がっこう》の授業《じゅぎょう》や、修道院《しゅうどういん》の仕事《しごと》をしながら、これらをすべて自分一人《じぶんひとり》でやりとげたのですから、おどろくばかりです。でも、メンデルが大科学者《だいかがくしゃ》とたたえられるのは、根気《こんき》よく実験《じっけん》を重《かさ》ねて遺伝《いでん》の仕方《しかた》を明《あき》らかにしたからだけではありません。どうしてそうなるのか、遺伝《いでん》の仕組《しく》みも説明《せつめい》したからです。

たとえば、先《さき》ほどの黄色《きいろ》の豆《まめ》ができるエンドウと緑色《みどりいろ》の豆《まめ》ができるエンドウをかけあわせてできる子《こ》が、どうして黄色《きいろ》になるのか、メンデルはこう説明《せつめい》しました。

●黄色《きいろ》の豆《まめ》ができるエンドウは、豆《まめ》を黄色《きいろ》くする目《め》に見《み》えない〝つぶ〟を持《も》っている。

●緑色《みどりいろ》の豆《まめ》ができるエンドウも、同《おな》じように豆《まめ》を緑色《みどりいろ》にする目《め》に見《み》えないつぶを持《も》っている。

●黄色《きいろ》と緑色《みどりいろ》をかけあわせると、どの豆《まめ》にも黄色《きいろ》と緑色《みどりいろ》のつぶが伝《つた》わるが、黄色《きいろ》のほうが強《つよ》いので、豆《まめ》の色《いろ》はすべて黄色《きいろ》になる。

メンデルは、のちに「メンデルの法則《ほうそく》」と呼《よ》ばれる研究《けんきゅう》の成《せい》果《か》を一八六五年《ねん》に発表《はっぴょう》し、各国《かっこく》の学者《がくしゃ》にもくわしく書《か》いて送《おく》りました。けれども、この研究《けんきゅう》はすばらしいと、価値《かち》を認《みと》めてくれる人《ひと》はいませんでした。

「七年間《ねんかん》かけて自然《しぜん》にひそむなぞを解《と》きあかしたというのに、どうして、わかってくれないんだ。でも、いつか、わたしの時代《じだい》がきっとくる。」

そして、一八六八年《ねん》、思《おも》いがけないことが起《お》こります。修道院長《しゅうどういんちょう》が亡《な》くなり、選挙《せんきょ》でメンデルが次《つぎ》の修道院長《しゅうどういんちょう》に選《えら》ばれたのです。修道院《しゅうどういん》の仕事《しごと》がいそがしくなって、じっくり遺伝《いでん》の研究《けんきゅう》をするような時間《じかん》はなくなりました。

一八八四年《ねん》、メンデルは病気《びょうき》で亡《な》くなりました。人《ひと》びとはその死《し》をおしみましたが、遺伝《いでん》の研究《けんきゅう》はうもれたままでした。研究《けんきゅう》に光《ひかり》が当《あ》てられ、その価値《かち》が学者《がくしゃ》たちに理解《りかい》されるようになったのは、発表《はっぴょう》から三十五年《ねん》、死後《しご》十六年《ねん》もたった一九〇〇年《ねん》のことです。

エンドウの実験《じっけん》で、豆《まめ》の色《いろ》のもとになる〝つぶ〟と考《かんが》えられていたものは、

やがて「遺伝子《いでんし》」と呼《よ》ばれるようになり、その正体《しょうたい》も明《あき》らかになりました。病気《びょうき》の研究《けんきゅう》や薬《くすり》の開発《かいはつ》など人《ひと》や生《い》き物《もの》の命《いのち》に関連《かんれん》する研究《けんきゅう》は、いまや「遺伝子《いでんし》」ぬきに進《すす》めることはできません。メンデルの研究《けんきゅう》は、生物学《せいぶつがく》や医学《いがく》を大《おお》きく前進《ぜんしん》させる土台《どだい》となりました。

メンデルは、自分《じぶん》の得意《とくい》な科学《かがく》の研究《けんきゅう》で計《はか》りしれない恵《めぐ》みを人《ひと》びとにあたえたのです。

グレゴール・ヨハン・メンデル
（一八二二〜一八八四年《ねん》）

メンデルを助《たす》けた妹《いもうと》

お父《とう》さんがけがをして、家《いえ》の生活《せいかつ》が苦《くる》しくなったので、メンデルは働《はたら》きながら学校《がっこう》に通《かよ》って勉強《べんきょう》をしていました。

そんなメンデルを助《たす》けてくれたのが、妹《いもうと》のテレジアでした。テレジアが結婚《けっこん》するときのためにお父《とう》さんがためておいたお金《かね》を、メンデルが勉強《べんきょう》を続《つづ》けるために使《つか》っていいと言《い》ってくれたのでした。

その後《ご》、メンデルはテレジアへの恩返《おんがえ》しとして、テレジアの三人《にん》の子《こ》どもたちのめんどうをよくみたそうです。

子《こ》どもたちのために
つくした
「永遠《えいえん》のようせい」

オードリー・ヘプバーン

文・粟田佳織
絵・三村久美子

きゅうくつな生活《せいかつ》からにげだした王女《おうじょ》が、身分《みぶん》をかくし、ローマで一日《にち》を自由《じゆう》に過《す》ごす……。『ローマの休日《きゅうじつ》』は、一九五三年《ねん》に公開《こうかい》され、大《だい》ヒットしたアメリカ映画《えいが》です。中《なか》でも人《ひと》びとが注目《ちゅうもく》したのはヒロイン・アン王女《おうじょ》を演《えん》じた新人女優《しんじんじょゆう》、オードリー・ヘプバーン。のちに「永遠《えいえん》のようせい」の名《な》で親《した》しまれる、世界的《せかいてき》な映画女優《えいがじょゆう》です。

一九二九年《ねん》、ベルギーで生《う》まれたオードリーは、バレエが大好《だいす》きな少女《しょうじょ》でした。ところが九歳《さい》のときに両親《りょうしん》が離婚《りこん》。十歳《さい》のときには、多《おお》くの国《くに》が敵味方《てきみかた》に分《わ》かれて戦《たたか》った第二次世界大戦《だいにじせかいたいせん》が起《お》こります。オードリーにとって、つらく悲《かな》しい日《ひ》びが始《はじ》まりました。

母親《ははおや》、二人《ふたり》の兄《あに》とともにオランダへ移《うつ》りすんだオードリー。当時《とうじ》、オランダは戦争《せんそう》に参加《さんか》しない「中立国《ちゅうりつこく》」だったため安全《あんぜん》なはずでした。ところが、それを無視《むし》してドイツ軍《ぐん》がせめてきたのです。反《はん》ドイツ運動《うんどう》をしていたおじさんやいとこは殺《ころ》されてしまいました。オードリーは母親《ははおや》と二人《ふたり》、おびえながらかくれて暮《く》らしました。一日《にち》に一つのパンを分《わ》けあう毎日《まいにち》で、オードリーの体《からだ》はみるみるやせ細《ほそ》っていきました。

「戦争《せんそう》なんて、この世《よ》からなくなってしまえばいい。」

このとき、オードリーの心《こころ》に、戦争《せんそう》へのにくしみが強《つよ》く刻《きざ》まれたのです。

ようやく戦争《せんそう》が終《お》わったのは十六歳《さい》のとき。その後《ご》、家族《かぞく》とともにイギリスに移《うつ》りすんだオードリーは、奨学金《しょうがくきん》をもらってバレエのレッスンを再開《さいかい》しました。戦争《せんそう》が終《お》わっても人《ひと》びとの生活《せいかつ》はまだ貧《まず》しく、オードリーもレッスンのかたわら、モデルやおどり子《こ》のアルバイトにはげみました。どんなに苦《くる》しくてもバレリーナになる夢《ゆめ》がオードリーを支《ささ》えていたのです。

「わたしにはバレエがある。」

ところが、ある日《ひ》、バレエの先生《せんせい》から残《ざん》こくな言葉《ことば》が告《つ》げられました。

「残念《ざんねん》だけど、あなたはバレリーナとしては背《せ》が高《たか》すぎるの……。」

身長百七十《しんちょうひゃく》センチのオードリーは、一流《いちりゅう》のバレリーナにはなれないというのです。

大《おお》きなショックを受《う》けたオードリー。でも貧《まず》し

い中《なか》、生《い》きていかなければなりません。

「落《お》ちこんでなんかいられない。働《はたら》いて、お母《かあ》さんを助《たす》けなきゃ。」

オーディションを受《う》け、舞台《ぶたい》や映画《えいが》のわき役《やく》の仕事《しごと》を重《かさ》ねるうちに実力《じつりょく》をつけていきます。

そんなある日《ひ》、『ジジ』というミュージカルのヒロイン役《やく》を探《さが》していた作《さく》者《しゃ》が、オードリーを偶然見《ぐうぜんみ》かけます。「わたしのジジが、あそこにいるわ！」

こうして、オードリーは主役《しゅやく》に選《えら》ばれ、幸運《こううん》は、このあとも続《つづ》きました。

その時代《じだい》、人《ひと》びとの最大《さいだい》の楽《たの》しみの一つは映画《えいが》でした。特《とく》にアメリカのハリウッドは、ヒット作《さく》を連発《れんぱつ》していました。

一九五一年《ねん》、ハリウッドの有名《ゆうめい》な映画監督《えいがかんとく》、ウィリアム・ワイラーは『ローマの休日《きゅうじつ》』という映画《えいが》の準備《じゅんび》をしていました。ところが、イメージに合《あ》う王女役《おうじょやく》の女優《じょゆう》がなかなか見《み》つからずになやんでいました。そんなとき、オードリーのうわさを耳《みみ》にしたのです。さっそくオードリーを呼《よ》び、カメラテストを行《おこな》いました。カメラを通《とお》して映《うつ》しだされる気品《きひん》、バレエで身《み》につけたしなやかな身《み》のこなし、そして何《なに》よりも、強《つよ》い意志《いし》を持《も》ったまなざし……。カメラごしにかの女《じょ》を見《み》たワイラーはさけびました。

「かの女《じょ》こそ、わたしが探《さが》していたアン王女《おうじょ》だ！」

有名女優《ゆうめいじょゆう》が何人《なんにん》も候補《こうほ》に

あがっていた中《なか》、無名《むめい》の新人《しんじん》を主役《しゅやく》にする……、それは監督《かんとく》にとっても、かけでした。

オードリーは期待《きたい》に応《こた》えようと、必死《ひっし》で監督《かんとく》についていきました。監督《かんとく》の細《こま》かい演技指導《えんぎしどう》にも、へこたれません。いつしか演《えん》じることに、バレエをおどる以上《いじょう》の喜《よろこ》び、楽《たの》しさを覚《おぼ》えはじめていたのです。

そして……ワイラー監督《かんとく》の目《め》は、まちがっていませんでした。映画《えいが》『ローマの休日《きゅうじつ》』は世界中《せかいじゅう》で大《だい》ヒット。せいそで気品《きひん》ある、そしてむじゃきなアン王女《おうじょ》を演《えん》じたオードリー・ヘプバーンは、あっというまに有名《ゆうめい》になりました。

『ローマの休日《きゅうじつ》』で、オードリーは新人《しんじん》ながらアカデミー主演女優賞《しゅえんじょゆうしょう》を受賞《じゅしょう》します。その後《ご》も『ティファニーで朝食《ちょうしょく》を』『マイ・フェア・レディ』といった作品《さくひん》に主演《しゅえん》。すべてが大《だい》ヒットして、ハリウッドのトップスターとなったのです。

ふくよかな体型《たいけい》が多《おお》かった当時《とうじ》の映画女優《えいがじょゆう》の中《なか》で、背《せ》が高《たか》く少年《しょうねん》のような体《からだ》つきのオードリーは、人《ひと》びとの目《め》にとても新鮮《しんせん》に映《うつ》りました。バレリーナになる夢《ゆめ》をうばった高《たか》い身長《しんちょう》や、長《なが》い手足《てあし》を生《い》かしたファッションも話題《わだい》を呼《よ》びました。オードリーが映画《えいが》の中《なか》で身《み》にまとった洋服《ようふく》やアクセサ

リーはすぐに流行《りゅうこう》しました。『ローマの休日《きゅうじつ》』の中《なか》で見《み》せた、ショートカットは「ヘプバーンカット」といわれ、世界中《せかいじゅう》の多《おお》くの女性《じょせい》が真似《まね》をしたといいます。『麗《うるわ》しのサブリナ』ではいた、たけの短《みじか》いパンツは、「サブリナパンツ」という名《な》で大流行《だいりゅうこう》しました。

外見《がいけん》だけではありません。オードリーの生《い》き方《かた》や考《かんが》え方《かた》すべてが、世《よ》の中《なか》の女性《じょせい》のあこがれでした。

二度《ど》の結婚《けっこん》・離婚《りこん》を経《へ》て、二人《ふたり》の

息子《むすこ》を授《さず》かったオードリーは、どんなにいそがしくても息子《むすこ》たちと過《す》ごす時間《じかん》を作《つく》りました。そのために女優業《じょゆうぎょう》を数年間休《すうねんかんやす》んだこともあります。それでも人気《にんき》はおとろえませんでした。

五十歳《さい》を過《す》ぎたころから、オードリーにある思《おも》いが芽生《めば》えはじめます。

「この世《よ》に子《こ》どもほど大切《たいせつ》な存在《そんざい》はないはず。そして、世界《せかい》には救《すく》いを求《もと》めている子《こ》どもたちがいる。わたしはその子《こ》たちを救《すく》いたい。」

幼《おさな》いころからオードリーの胸《むね》には戦争《せんそう》へのにくしみがありました。今《いま》でも世界《せかい》のどこかで絶《た》えず争《あらそ》いが起《お》きています。

争《あらそ》いだけではありません。自然災害《しぜんさいがい》などで苦《くる》しんでいる国《くに》もあります。命《いのち》の危険《きけん》におびえながら暮《く》らすことのおそろしさ、満足《まんぞく》に食《た》べられないつらさは、オードリー自身《じしん》がよく知《し》っています。

オードリーは行動《こうどう》を起《お》こしました。

各地《かくち》を回《まわ》ってスピーチや募金活動《ぼきんかつどう》などを始《はじ》めたのです。

「人間《にんげん》にとっていちばんの不幸《ふこう》は戦争《せんそう》です。わたしたちは、子《こ》どもたちに平和《へいわ》を教《おし》えなくてはなりません。」

オードリーの呼《よ》びかけにより、戦争《せんそう》で親《おや》を亡《な》くした子《こ》どもたちを救《すく》うための募金《ぼきん》が、世界中《せかいじゅう》から集《あつ》まりました。

さらに一九八九年《ねん》、オードリーはユニセフ（国連児童基金《こくれんじどうききん》）の親善大使《しんぜんたいし》になりました。国内《こくない》での争《あらそ》いが続《つづ》いていたエチオピアや、トルコ、ベトナムなど世界《せかい》十数《すう》か国《こく》を次《つぎ》つぎと訪問《ほうもん》しました。

危険《きけん》な場所《ばしょ》にも足《あし》を運《はこ》び、不自由《ふじゆう》な生活《せいかつ》をしている子《こ》ども、病気《びょうき》の子《こ》ども、空腹《くうふく》の子《こ》どもたちに食《た》べ物《もの》や薬《くすり》を手《て》わたし、一人《ひとり》ひとりをだきしめて、声《こえ》をかけました。

「おなかがすくのはつらいわよね。でもなんとしてでも生《い》きぬくのよ。」

オードリーはハリウッドの大《だい》スターではなく、ひとりの「お母《かあ》さん」として、あふれるほどの愛情《あいじょう》をおしみなく子《こ》どもたちに注《そそ》いだのです。

そのころ、オードリーは次《つぎ》のような言葉《ことば》を残《のこ》しています。

「年《とし》をとったら自分《じぶん》に二つの

手《て》があるということに気《き》づいてください。一つは自分《じぶん》を助《たす》ける手《て》。もう一つは他《た》人《にん》を助《たす》ける手《て》です。」

オードリーの慈善活動《じぜんかつどう》は、一九九二年《ねん》まで続《つづ》きました。その年《とし》、がんにおかされた体《からだ》にむち打《う》って、内戦《ないせん》が続《つづ》くソマリアを訪問《ほうもん》。

ところが、ソマリアから帰《かえ》ったあとにたおれてしまい、回復《かいふく》することなく、翌年《よくねん》、

六十三歳《さい》でその生《しょう》がいを閉《と》じました。

かの女《じょ》の死後《しご》、「オードリー・ヘプバーン児童基金《じどうききん》」が作《つく》られ、今《いま》もあらゆる国《くに》で子《こ》どもたちのために役立《やくだ》てられています。

「永遠《えいえん》のようせい」として、世界中《せかいじゅう》の人《ひと》びとの記憶《きおく》に残《のこ》るオードリー・ヘプバーン。その生《しょう》がいをかけて残《のこ》したのは、名作《めいさく》と名高《なだか》い数《かず》かずの映画作品《えいがさくひん》だけでなく、数《かぞ》えきれない子《こ》どもたちの笑顔《えがお》なのです。

オードリー・ヘプバーン（一九二九～一九九三年《ねん》）

アンネ・フランクとオードリー

オードリーは一九九〇年《ねん》から『アンネの日記《にっき》』の朗読会《ろうどくかい》を始《はじ》めました。ユダヤ人《じん》というだけで迫害《はくがい》され、わずか十五年《ねん》で生《しょう》がいを終《お》えたアンネ・フランクはオードリーと同《おな》じ年《とし》で誕生日《たんじょうび》もひと月《つき》ちがい。

しかも同《おな》じ時期《じき》に、オランダでともにドイツ軍《ぐん》におびえながら暮《く》らしていたのです。のちにこれを知《し》ったオードリーは「アンネはもう一人《ひとり》の自分《じぶん》」と語《かた》り、かの女《じょ》になりかわって、戦争《せんそう》がもたらす悲《かな》しみ・平和《へいわ》への願《ねが》いを人《ひと》びとにうったえたのです。

ヨーロッパに
東《ひがし》アジアの文化《ぶんか》を
伝《つた》えた

マルコ・ポーロ

文・鶴川たくじ
絵・鳥飼規世

マルコ・ポーロは、今《いま》から七百年《ひゃくねん》以《い》上昔《じょうむかし》に、アジアの国《くに》ぐにを旅《たび》したイタリア人《じん》です。その経験《けいけん》をもとに『東方見聞録《とうほうけんぶんろく》（世界《せかい》の記述《きじゅつ》）』という本《ほん》を書《か》きました。当時《とうじ》のヨーロッパの人《ひと》びとは、それまで未知《みち》の世界《せかい》だった、東《ひがし》に広《ひろ》がるアジアの様子《ようす》を、この本《ほん》によって初《はじ》めて知《し》ったのでした。

マルコ・ポーロは、一二五四年《ねん》に、商業《しょうぎょう》が盛《さか》んなベネツィアの、代《だい》だい続《つづ》く交易商《こうえきしょう》の家《いえ》に生《う》まれました。交易商《こうえきしょう》というのは、旅《たび》をしながら、物《ぶっ》ぶつ交換《こうかん》で外《がい》国《こく》のめずらしい品物《しなもの》を手《て》に入《い》れて、商売《しょうばい》をする人《ひと》たちのことです。そのため、しばしば外国《がいこく》へ

長《なが》い旅《たび》に出《で》ます。

マルコの父《ちち》のニッコロは、マルコがまだ母親《ははおや》のおなかにいる一二五三年《ねん》に、弟《おとうと》のマッフェオと、トルコのコンスタンティノープル（今《いま》のイスタンブール）を目指《めざ》し、東《ひがし》への旅《たび》に出《で》ました。

ところが、コンスタンティノープルでの六年間《ねんかん》の商売《しょうばい》を終《お》えたときに、戦争《せんそう》が起《お》きて、帰《かえ》り道《みち》が通《とお》れなくなってしまったのです。二人《ふたり》は仕方《しかた》なく、さらに東《ひがし》へ向《む》かい、商売《しょうばい》の旅《たび》を続《つづ》けました。

二人《ふたり》がベネツィアの家《いえ》に帰《かえ》ってきたのは、十六年後《ねんご》のことでした。マルコは十五歳《さい》になっていました。

初《はじ》めて会《あ》う父《ちち》とおじさんから、マルコは毎晩《まいばん》、アジアの国《くに》のめずらしい

話《はなし》を聞《き》かされました。おどろいたことに、二人は、ヨーロッパ人から見《み》れば東《ひがし》の果《は》てにある元《げん》（現在《げんざい》の中国《ちゅうごく》とモンゴル）まで行《い》って、皇帝《こうてい》のフビライに仕《つか》えていました。

そして、またフビライのもとにもどる約束《やくそく》をしていると言《い》うのです。

マルコは、夢《ゆめ》に見《み》るほどアジアにあこがれるようになり、

「お父《とう》さんたちがフビライ皇帝《こうてい》との約束《やくそく》を果《は》たす旅《たび》に出《で》るときには、絶対《ぜったい》ぼくも連《つ》れていってよ。」

と、何度《なんど》も父《ちち》に念《ねん》をおしました。

ニッコロとマッフェオが、約束《やくそく》を果《は》たすことにしたのは、二年後《ねんご》でした。十七歳《さい》のマルコも一人前《いちにんまえ》とみなされて、いっしょに行《い》くことが許《ゆる》されました。フビライ皇帝《こうてい》へのみやげ物《もの》をそろえ、荷物《にもつ》を運《はこ》ぶ馬《うま》を買《か》い、使用人《しようにん》を何人《なんにん》かやとうと、三人《にん》は、はるか元《げん》の都《みやこ》を目指《めざ》して、長《なが》い長《なが》い旅《たび》に出発《しゅっぱつ》しました。

旅《たび》は危険《きけん》の連続《れんぞく》でした。

ペルシャの砂《さ》ばく地帯《ちたい》では、とうぞくにおそわれました。マルコたちは、何時間《なんじかん》も必死《ひっし》で馬《うま》を走《はし》らせて、どうにかにげることができましたが、半分以上《はんぶんいじょう》の使用人《しようにん》がさらわれてしまいました。

あるオアシスの町《まち》では、人《ひと》を焼《や》き殺《ころ》すといわれる熱風《ねっぷう》がふきつけてきたとき、池《いけ》の水《みず》に、首《くび》までつかって、間一髪《かんいっぱつ》、助《たす》かりました。

パミール高原《こうげん》のふもとの町《まち》では、

マルコが高熱《こうねつ》の出《で》る病気《びょうき》にかかり、治《なお》るまでに一年《ねん》もかかってしまいました。

再出発《さいしゅっぱつ》すると、いきなりパミール高原《こうげん》の七千《せん》メートル級《きゅう》の山《やま》やまが、行《ゆ》く手《て》に立《た》ちはだかりました。

しかし、三人《にん》は数《かず》かずの困難《こんなん》をものともせず、東《ひがし》へ東《ひがし》へと進《すす》みました。き帳面《ちょうめん》なマルコは、毎日《まいにち》、その日《ひ》に起《お》きたできごとや、見《み》ておどろいたことなどをノートに書《か》きとめました。

そしてベネツィアを出《で》てから三年半後《ねんはんご》、三人《にん》はついに元《げん》の都《みやこ》、上都《じょうと》の宮《きゅう》殿《でん》に着《つ》くことができました。出《で》むかえたフビライは三人《にん》をねぎらい、今後《こんご》は自分《じぶん》の臣下《しんか》として仕《つか》えるよう命《めい》じました。

マルコが初《はじ》めて見《み》る宮殿《きゅうでん》は、大理石《だいりせき》を使《つか》った石造《いしづく》り。数《かず》ある広間《ひろま》や部屋《へや》は、すべて金《きん》ぱくが張《は》られ、鳥《とり》やけもの、花《はな》や木《き》の絵《え》でかざられています。

宮殿《きゅうでん》の周《まわ》りには、二十五キロメートルにもおよぶ城壁《じょうへき》がめぐらされ、内《うち》側《がわ》は、多《おお》くの川《かわ》や泉《いずみ》や牧場《ぼくじょう》のある、広《ひろ》びろとした庭園《ていえん》になっています。そこでは、数種類《すうしゅるい》のシカが放《はな》し飼《が》いにされているのです。

「なんという美《うつく》しさ、けたはずれの大《おお》きさなのだろう。」

マルコは、その景色《けしき》に目《め》を見張《みは》りました。

フビライのタカ狩《が》りもまた、けたはずれでした。四頭《とう》のゾウを並《なら》べ、その背中《せなか》に乗《の》せた木造《もくぞう》の小屋《こや》に入《はい》って、旅《たび》をしながら狩《か》りをするのです。

小屋《こや》は、内側《うちがわ》に金《きん》ぱくが、外側《そとがわ》にはライオンの皮《かわ》が張《は》りめぐらされた、美《うつく》しいものです。フビライのそばには、狩《か》りをするよう訓練《くんれん》された優秀《ゆうしゅう》なオオタカが十二羽《わ》とまっています。そして、獲物《えもの》が見《み》つかると、フビライは天窓《てんまど》を開《あ》け、気《き》に入《い》ったオオタカを選《えら》び、さっと表《おもて》に放《はな》つのです。

マルコは思《おも》いました。

「この世《よ》に、これ以上《いじょう》のぜいたくな遊《あそ》びがあるだろうか。」

文明《ぶんめい》の面《めん》でも、元《げん》にはおどろくことがたくさんありました。マルコは、ヨーロッパの人《ひと》びとが、アジアの人《ひと》びとを、未開《みかい》のやばん人《じん》だと思《おも》っていることが、とんでもない誤解《ごかい》だと知《し》りました。

元《げん》では、紙《かみ》でできたお金《かね》が流通《りゅうつう》し、火薬《かやく》が使《つか》われ、燃料《ねんりょう》として石炭《せきたん》が燃《も》やされていました。どれも、中国《ちゅうごく》で発明《はつめい》・発見《はっけん》され、ヨーロッパにはまだない、高度《こうど》なものでした。

元《げん》に来《き》てしばらくすると、マルコに特別《とくべつ》な任務《にんむ》が言《い》いわたされました。都《みやこ》からはなれた地域《ちいき》を見《み》てまわり、その様子《ようす》を報告《ほうこく》するというものです。き帳面《ちょうめん》で記録《きろく》をつけるのが好《す》きなマルコには、ぴったりの仕事《しごと》でした。

はじめは、広《ひろ》い元《げん》の国内《こくない》の、西《にし》や南《みなみ》のはずれの地方《ちほう》を見《み》てまわりました。

さらには、元《げん》をはなれて船《ふね》で南《みなみ》へ向《む》かい、ジャワ島、スマトラ島《とう》を経《へ》て、遠《とお》くインドまで旅《たび》をしました。もちろん、見《み》たこと、聞《き》いたことはくわしくノートに記録《きろく》しました。

結局《けっきょく》、マルコたちは十七年間《ねんかん》フビライに仕《つか》え、帰《かえ》りは船《ふね》で、元《げん》の泉州《せんしゅう》の港《みなと》から旅立《たびだ》ちました。三年《ねん》がかりの船旅《ふなたび》でした。

こうして二十四年《ねん》ぶりにベネツィアに帰《かえ》ったマルコは、人《ひと》びとにせがまれては、東方《とうほう》のめずらしい話《はなし》を語《かた》って聞《き》かせました。

すると、あるとき、聞《き》き手《て》の中《なか》に、ルスティケロという作家《さっか》がいて、こんなことを言《い》いだしました。

「あなたの話《はなし》はとてもおもしろいから、本《ほん》にしましょう。はじめから順《じゅん》を追《お》って話《はな》してください。わたしが原稿《げんこう》にまとめますから。」

こうして、マルコの記《き》憶《おく》とノートの記録《きろく》をもとに、一二九八年《ねん》に完成《かんせい》したのが『東方見聞録《とうほうけんぶんろく》』なのです。

『東方見聞録《とうほうけんぶんろく》』は、たちまちヨーロッパの国《くに》ぐにで大評判《だいひょうばん》になり、のちの世《よ》にも読《よ》みつがれました。

この本《ほん》には、元《げん》で聞《き》いた話《はなし》として、当時《とうじ》「ジパング」と呼《よ》ばれた日本のことが、次《つぎ》のように書《か》かれています。

《ジパングは中国大陸《ちゅうごくたいりく》から二千《せん》四百《ひゃく》キロメートルほどはなれた東《ひがし》の海《うみ》にあ

る独立国《どくりつこく》だ。至《いた》るところで黄金《おうごん》が見《み》つかるため、国民《こくみん》だれもがばく大《だい》な黄金《おうごん》を所有《しょゆう》している。大陸《たいりく》から行《い》った者《もの》はなく、商人《しょうにん》さえ訪《おとず》れないから、豊富《ほうふ》な黄金《おうごん》が国外《こくがい》に持《も》ちだされることはない。国王《こくおう》の宮殿《きゅうでん》の屋根《やね》はすべて純金《じゅんきん》でふかれている。各部屋《かくへや》のゆかにも純金《じゅんきん》がしきつめられ、広間《ひろま》も窓《まど》も、とにかく何《なに》もかもが黄金造《おうごんづく》りである。》

この部分《ぶぶん》に刺激《しげき》を受《う》け、「黄金《おうごん》の国《くに》ジパング」を目指《めざ》して航海《こうかい》に出《で》た探《たん》検家《けんか》の一人《ひとり》が、コロンブスでした。コロンブスは、目指《めざ》す日本にはたどりつけませんでしたが、一四九二年《ねん》に、ヨーロッパ人《じん》で初《はじ》めて、アメリカ大《たい》陸《りく》に行《い》きつきました。

また、一九〇〇年代《ねんだい》の前半《ぜんはん》に、中央《ちゅうおう》アジアを探検旅行《たんけんりょこう》したオーレル・スタインは、『東方見聞録《とうほうけんぶんろく》』をガイドブックのようにたずさえていました。そして、たびたびその記述《きじゅつ》の確《たし》かさに助《たす》けられ、感激《かんげき》したといいます。

このように、マルコ・ポーロが残《のこ》した『東方見聞録《とうほうけんぶんろく》』は、未知《みち》の世界《せかい》にあこがれる、のちの世《よ》の探検家《たんけんか》たちに大《おお》きな影響《えいきょう》をあたえたのでした。

マルコ・ポーロ（一二五四〜一三二四年《ねん》）

フビライのお気《き》に入《い》りだった

マルコ・ポーロは、元《げん》の皇帝《こうてい》フビライに大変気《たいへんき》に入《い》られたそうです。二十歳《さい》でマルコはフビライに仕《つか》えました。仕《つか》えて十五年《ねん》たったころベネツィアに帰《かえ》りたいとフビライに何度《なんど》もたのみましたが、なかなか許《ゆる》してもらえませんでした。

元《げん》の王女《おうじょ》をペルシャのイル・ハン国《こく》にきさきとして送《おく》ることになり、その案内《あんない》をしたあと、ベネツィアに帰《かえ》ってよいことになり、四十一歳《さい》でやっと帰国《きこく》することができたのでした。

日本で初《はじ》めて
公害《こうがい》をうったえた
政治家《せいじか》

田《た》中《なか》正《しょう》造《ぞう》

文・栗生こずえ
絵・藤原良二

田中正造《たなかしょうぞう》は江戸時代《えどじだい》の末期《まっき》、一八四一年《ねん》に栃木県《とちぎけん》に生《う》まれました。正造《しょうぞう》のお父《とう》さんは、村《むら》の名主《なぬし》を務《つと》めていました。名主《なぬし》とは役人《やくにん》のようなものですが、特別《とくべつ》にゆうふくだったわけではありません。正造《しょうぞう》の家《いえ》はごくふつうの農家《のうか》でした。

正造《しょうぞう》は、幼《おさな》いころから一本気《いっぽんぎ》な性格《せいかく》でした。友《とも》だちとよくけんかもしましたが、すじの通《とお》った行動《こうどう》をするので、みんなから信頼《しんらい》されていました。父《ちち》のあとをついで十七歳《さい》の若《わか》さで村《むら》の名主《なぬし》に選《えら》ばれたのも、人望《じんぼう》があったためでしょう。

「農民《のうみん》の代表《だいひょう》として、はずかしくないようがんばろう。」

正造《しょうぞう》は毎朝早《まいあさはや》く起《お》きて、畑仕事《はたけしごと》にはげみました。また寺子屋《てらこや》を開《ひら》き、村《むら》の子《こ》どもたちに勉強《べんきょう》を教《おし》えていました。

正造《しょうぞう》の住《す》む地方《ちほう》を治《おさ》める領主《りょうしゅ》は、「屋《や》しきを新《あたら》しくする」などと口実《こうじつ》を作《つく》って、農民《のうみん》からたくさんの年貢《ねんぐ》を取《と》りたてようとします。そんなとき、苦《くる》しんでいる人《ひと》びとを見捨《みす》てておけないのが、正造《しょうぞう》の性格《せいかく》です。

農民《のうみん》の先頭《せんとう》に立《た》って反対運動《はんたいうんどう》をした結果《けっか》、十か月《げつ》も、ろう屋《や》に入《い》れられてしまいました。

正造《しょうぞう》は二十三歳《さい》のとき、カツという女性《じょせい》と結婚《けっこん》しています。しかし、農民《のうみん》の暮《く》らしを守《まも》るための運動《うんどう》に熱《ねっ》心《しん》なあまり、家《いえ》を留守《るす》にしがちでした。

けれども、カツは正義感《せいぎかん》の強《つよ》い正造《しょうぞう》の性格《せいかく》を、よく理解《りかい》していました。

「あなたは世《よ》の中《なか》のためにつくしているのですから。がんばってください。」

と、はげましてくれるのです。

正造《しょうぞう》は、一八七〇（明治三《めいじ》）年《ねん》、三十歳《さい》のときに岩手県《いわてけん》の役人《やくにん》となります。ふるさとに妻《つま》を残《のこ》しての、単身《たんしん》ふ任《にん》でした。正造《しょうぞう》が命《めい》じられたのは、農民《のうみん》の暮《く》らしぶりを調査《ちょうさ》する仕事《しごと》です。江戸《えど》から明治《めいじ》へと時代《じだい》が移《うつ》りかわる中《なか》、身分《みぶん》による差別《さべつ》はなくなりました。それでも、農民《のうみん》たちは今日《きょう》食《た》べるものにも困《こま》っているありさまです。正造《しょうぞう》は、「みんなが人間《にんげん》らしく生《い》きられる、新《あたら》しい世《よ》の中《なか》を作《つく》ろう」という理想《りそう》を持《も》って、農民《のうみん》たちを支《ささ》えるために力《ちから》をつくしました。

しかし、故郷《こきょう》から遠《とお》くはなれた場所《ばしょ》で、正造《しょうぞう》は思《おも》いがけない事件《じけん》に巻《ま》きこまれます。正造《しょうぞう》の上司《じょうし》が何者《なにもの》かに殺《ころ》され、正造《しょうぞう》に疑《うたが》いがかかってたいほ

されてしまったのです。無実《むじつ》の罪《つみ》が晴《は》れるまでに三年《ねん》もかかりました。

ろう屋《や》に閉《と》じこめられていた三年《ねん》の間《あいだ》、本《ほん》を読《よ》みふけることが、ただ一つの楽《たの》しみでした。ある本《ほん》に書《か》れていた、「天《てん》は自《みずか》ら助《たす》くるものを助《たす》く」という言葉《ことば》を、正造《しょうぞう》はとても気《き》に入《い》りました。これは「神様《かみさま》は自《じ》分《ぶん》の力《ちから》でがんばる人《ひと》を応援《おうえん》してくれる」という意味《いみ》です。この言葉《ことば》から、正造《しょうぞう》は、信念《しんねん》を持《も》って道《みち》を切《き》りひらく勇気《ゆうき》を得《え》たのです。

故郷《こきょう》に帰《かえ》った正造《しょうぞう》は、村《むら》の青年《せいねん》のための夜間学校《やかんがっこう》を開《ひら》きながら、勉強《べんきょう》を始《はじ》めました。

特《とく》に力《ちから》を入《い》れて学《まな》んだのが、当時《とうじ》、広《ひろ》まりはじめた「自由民権《じゆうみんけん》」という考《かんが》え方《かた》についてです。「人民一人《じんみんひと》ひとりの権利《けんり》を守《まも》る政治《せいじ》」を理想《りそう》とするこの考《かんが》え方《かた》に、正造《しょうぞう》は深《ふか》く共感《きょうかん》しました。

そして、

「これからの人生《じんせい》は、すべて政治《せいじ》にささげよう。」

と、決意《けつい》するのです。

正造《しょうぞう》は、四十歳《さい》のときに栃木県《とちぎけん》の県会議員《けんかいぎいん》に選《えら》ばれました。「国民《こくみん》は政《せい》治《じ》に参加《さんか》する権利《けんり》がある」という考《かんが》えを広《ひろ》めるため「栃木新聞《とちぎしんぶん》」を発行《はっこう》し、盛《さか》んに演説会《えんぜつかい》や勉強会《べんきょうかい》を開《ひら》きました。

こうした動《うご》きが全国的《ぜんこくてき》に高《たか》まり、一八九〇（明治《めいじ》二十三）年《ねん》、日本で初《はじ》めての議会《ぎかい》（帝国議会《ていこくぎかい》、今《いま》の国会《こっかい》）が開《ひら》かれます。そこには、第《だい》一回総選《かいそうせん》挙《きょ》でみごと衆議院議員《しゅうぎいんぎいん》に選《えら》ばれた、正造《しょうぞう》の姿《すがた》もありました。

　このころ、正造《しょうぞう》の地元《じもと》では大《おお》きな問《もん》題《だい》が起《お》こっていました。

　栃木県《とちぎけん》を水源《すいげん》に群馬県《ぐんまけん》、埼玉県《さいたまけん》、茨《いばら》城県《きけん》を流《なが》れる渡良瀬川《わたらせがわ》で、何万匹《なんまんびき》というアユが死《し》んでいるのが発見《はっけん》されました。コイやウナギなどもたくさんとれる川《かわ》だったのが、魚《さかな》が急《きゅう》に減《へ》りました。

　また、川《かわ》の水《みず》がかかった土地《とち》では作《さく》物《もつ》がかれ、稲《いね》や麦《むぎ》などがとれなくなってしまいました。

調《しら》べた結果《けっか》、これは上流《じょうりゅう》にある足尾銅山《あしおどうざん》から出《で》る「鉱毒《こうどく》」が原因《げんいん》だとわかりました。鉱物《こうぶつ》から純《じゅん》すいな銅《どう》を採《と》りだしたあとの、鉱石《こうせき》のくずには、植物《しょくぶつ》や動物《どうぶつ》に害《がい》のある物質《ぶっしつ》がふくまれていたのです。銅《どう》を作《つく》る精錬所《せいれんじょ》から出《で》る大量《たいりょう》のけむりも、環境《かんきょう》を汚染《おせん》していました。魚《さかな》や作物《さくもつ》がとれないばかりか、鉱毒《こうどく》のために病気《びょうき》になる人《ひと》もたくさんいました。

これを知《し》った正造《しょうぞう》は、渡良瀬川《わたらせがわ》ぞいの土地《とち》を見《み》に行《い》きました。農家《のうか》の人《ひと》たちのうったえを、じかに聞《き》きました。

「このままでは、ここは人《ひと》が住《す》めない土地《とち》になってしまう。」

正造《しょうぞう》は、議会《ぎかい》でこの事件《じけん》について演説《えんぜつ》を行《おこな》い、政府《せいふ》

の力《ちから》で鉱山《こうざん》の営業《えいぎょう》をやめさせるように求《もと》めました。

しかし、政府《せいふ》の返事《へんじ》は、「原因《げんいん》がはっきりしない」「鉱毒《こうどく》が川《かわ》に流《なが》れださないような設備《せつび》を用意《ようい》すればよい」など、にえきらないものでした。

正造《しょうぞう》はねばり強《づよ》く、議会《ぎかい》でこの問題《もんだい》について質問書《しつもんしょ》を出《だ》しつづけましたが、政府《せいふ》の態度《たいど》は変《か》わりません。国《くに》は工業発展《こうぎょうはってん》に力《ちから》を入《い》れており、銅《どう》は海《かい》外《がい》への輸出品《ゆしゅつひん》として国《くに》に利益《りえき》をもたらしていました。だから鉱山《こうざん》の営業《えいぎょう》をやめさせることはできなかったのです。

「被害《ひがい》に苦《くる》しむ国民《こくみん》を守《まも》ることができないで、いったいなんのための議会《ぎかい》だ。議会《ぎかい》は国民《こくみん》を殺《ころ》すつもりなのか。」

衆議院議員《しゅうぎいんぎいん》を務《つと》めて十年目《ねんめ》となる一九〇一年《ねん》の秋《あき》、正造《しょうぞう》は辞表《じひょう》を提出《ていしゅつ》して、議員《ぎいん》を辞《や》めました。

しかし、正造《しょうぞう》はあきらめたわけではありませんでした。人知《ひとし》れず、ある決意《けつい》をかためていたのです。

その年《とし》の十二月《がつ》。

明治天皇《めいじてんのう》が乗《の》った馬車《ばしゃ》が議会《ぎかい》の議事堂《ぎじどう》から出《で》てくると、正造《しょうぞう》は馬車《ばしゃ》に向《む》かってかけだしました。

「お願《ねが》いでございます、お願《ねが》いでございます。」

高《たか》くかざした一通《つう》の手紙《てがみ》は、天皇《てんのう》にあてた直訴状《じきそじょう》でした。鉱毒事件《こうどくじけん》をじかに天皇《てんのう》にうったえようとしたのです。

正造《しょうぞう》はたちまち警官《けいかん》に取《と》りおさえられ、手紙《てがみ》をわたすことは、かないませんでした。当時《とうじ》、天皇《てんのう》はふつうの人《ひと》びとからすれば、雲《くも》の上《うえ》の存在《そんざい》でした。正造《しょうぞう》が元《もと》議員《ぎいん》といっても、天皇《てんのう》に直接《ちょくせつ》話《はな》しかけることは、考《かんが》えられないことでした。

しかし、正造《しょうぞう》の捨《す》て身《み》の行《こう》動《どう》を、新聞《しんぶん》はこぞって取《と》りあげました。おかげで、世《よ》の中《なか》の人《ひと》びとが、鉱毒事件《こうどくじけん》に注目《ちゅうもく》するようになったのです。

被害《ひがい》を受《う》けている人《ひと》びとを応援《おうえん》する声《こえ》が高《たか》まり、政府《せいふ》で鉱毒問題《こうどくもんだい》を採《と》りあげることになりました。

ですが、政府《せいふ》の出《だ》した結論《けつろん》は、今度《こんど》もまたその場《ば》しのぎのものでした。

渡良瀬川《わたらせがわ》では、たびたび洪水《こうずい》が起《お》こっていました。水《みず》がたくさん運《はこ》ばれるほど、鉱毒《こうどく》もたくさん運《はこ》ばれるわけです。ですから、鉱毒《こうどく》をなくすのではなく「洪水《こうずい》さえ防《ふせ》げば毒《どく》が広《ひろ》くたくさん運《はこ》ばれなくなる、つまり川《かわ》があふれないための遊水池《ゆうすいち》をつくればよい」というのが、政府《せいふ》の出《だ》した具体案《ぐたいあん》でした。

政府《せいふ》は、遊水池《ゆうすいち》を栃木県《とちぎけん》の谷中村《やなかむら》につくることを決《き》めました。「谷中村《やなかむら》を毒《どく》のたまり場《ば》にするなんて、許《ゆる》せない。銅山《どうざん》の営業《えいぎょう》を続《つづ》けるために、一つの村《むら》をつぶすと言《い》うのか。」

正造《しょうぞう》は、谷中村《やなかむら》の住人《じゅうにん》たちの先頭《せんとう》に立《た》ち、反対運動《はんたいうんどう》を始《はじ》めました。

ところが、被害《ひがい》のない土地《とち》に住《す》む多《おお》くの人《ひと》たちは、遊水池《ゆうすいち》をつくることで「解決《かいけつ》した」と思《おも》うようになってしまいました。日《ひ》に日《ひ》に鉱毒問題《こうどくもんだい》が忘《わす》れられていくのが、正造《しょうぞう》はくやしくてたまりません。

「あきらめずに、続《つづ》けていくことが大切《たいせつ》なのだ。わたしは、谷中村《やなかむら》の人《ひと》たちとともに最後《さいご》までやりぬくぞ。」

正造《しょうぞう》は六十四歳《さい》のとき、ついには谷中村《やなかむら》に移《うつ》りすみ、ともに運動《うんどう》をする人《ひと》たちの家《いえ》を転《てん》てんとして暮《く》らしました。

しかし、十年《ねん》ほどたつうちに、村《むら》の人《ひと》たちも戦《たたか》うことにつかれはててきました。国《くに》からわずかなお金《かね》をもらい、よその

土地《とち》へ引《ひ》っこしていく人《ひと》がだんだん増《ふ》えていきました。

それでも、正造《しょうぞう》は老《お》いて病気《びょうき》がちな体《からだ》をはげましながら、わずかに残《のこ》った住民《じゅうみん》をたずねあるくことをやめませんでした。

そして、一九一三（大正二《たいしょう》）年《ねん》。正造《しょうぞう》は河川調査《かせんちょうさ》のとちゅうでたおれ、一か月後《げつご》には帰《かえ》らぬ人《ひと》となりました。七十三歳《さい》でした。

正造《しょうぞう》の死後《しご》、わずかに谷中村《やなかむら》に残《のこ》った人《ひと》びとも、遊水池《ゆうすいち》の完成《かんせい》を前《まえ》に村《むら》を出《で》ていきました。足尾銅山《あしおどうざん》は、銅《どう》を採《と》りつくすまで営業《えいぎょう》が続《つづ》けられ、そのために一つの村《むら》がなくなり、多《おお》くの人《ひと》びとがぎせいとなりました。

足尾鉱毒事件《あしおこうどくじけん》は、日本で最初《さいしょ》の環境汚染《かんきょうおせん》による公害問題《こうがいもんだい》といわれています。その後《ご》、日本では一九六〇年代《ねんだい》ごろから、公害問題《こうがいもんだい》が注目《ちゅうもく》されるようになりました。正造《しょうぞう》は、日本の環境問題《かんきょうもんだい》にいち早《はや》く取《と》りくんだ人《ひと》なのです。

残念《ざんねん》ながら、正造《しょうぞう》は村《むら》を守《まも》りぬくことができませんでした。

けれども、「だれもが、暮《く》らしやすい世《よ》の中《なか》を作《つく》りたい」という強《つよ》い思《おも》いから、立場《たちば》の弱《よわ》い人《ひと》たちの側《がわ》に立《た》って、ねばり強《づよ》く戦《たたか》いつづけた正造《しょうぞう》の姿《すがた》は、のちの人《ひと》びとに大《おお》きな影響《えいきょう》をあたえたのです。

田中正造《たなかしょうぞう》
（一八四一～一九一三年《ねん》）

軍隊《ぐんたい》だとおそれられた議員《ぎいん》

栃木県《とちぎけん》の県会議員《けんかいぎいん》となった正造《しょうぞう》は、土《ど》木《ぼく》事業《じぎょう》に巨額《きょがく》の予算《よさん》を使《つか》っていた県令《けんれい》（今《いま》の知事《ちじ》のこと）に反対《はんたい》し、議会《ぎかい》で堂《どう》どうと意見《いけん》を述《の》べました。その勢《いきお》いのすさまじさに、人《ひと》びとは正造《しょうぞう》に「栃鎮《とちちん》」のあだ名《な》をつけました。これは「栃木鎮台《とちぎちんだい》」の略《りゃく》で、鎮台《ちんだい》というのはそのころ各地《かくち》に置《お》かれた陸軍《りくぐん》の軍団《ぐんだん》（栃木県《とちぎけん》にはありませんでした）のことです。まるで軍隊《ぐんたい》のようだということで、それほど正造《しょうぞう》は栃《とち》木県会《ぎけんかい》でおそれられていました。

人種《じんしゅ》差別《さべつ》のない
世界《せかい》を目指《めざ》した

キング牧師《ぼくし》

文・甲斐　望
絵・堀口順一朗

二〇〇八年《ねん》十一月《がつ》。アメリカの第《だい》四十四代大統領《だいだいとうりょう》に、バラク・オバマ氏《し》が選《えら》ばれ、世界的《せかいてき》な大《だい》ニュースとなりました。

なぜなら、かれが黒人《こくじん》（アフリカ系《けい》アメリカ人《じん》）だったからです。黒人《こくじん》の大統領《だいとうりょう》は、アメリカの歴史上初《れきしじょうはじ》めてのこと。

六十年《ねん》ほど前《まえ》までは、黒人《こくじん》は大統領《だいとうりょう》はおろか、職業《しょくぎょう》を自由《じゆう》に選《えら》んだり、白人《はくじん》と同《おな》じ生活《せいかつ》をすることさえ許《ゆる》されなかったのです。

「なぜ差別《さべつ》されるんだ。同《おな》じ人間《にんげん》なのに……。」

当時《とうじ》、黒人差別《こくじんさべつ》は永遠《えいえん》に続《つづ》くものと思《おも》われていましたが、あるとき――ひとすじの光《ひかり》が生《う》まれたのです。今《いま》から約《やく》九十年前《ねんまえ》の一九二九年《ねん》一月《がつ》十五日《にち》、マーティン・ルーサー・キング・ジュニアの誕生《たんじょう》でした。

「マーティン、遊《あそ》ぼ。」

マーティンは、ジョージア州《しゅう》アトランタのゆうふくな牧師《ぼくし》の家庭《かてい》に育《そだ》ちました。かれには、黒人《こくじん》、白人《はくじん》を問《と》わずたくさんの友《とも》だちがいました。

ところが小学校《しょうがっこう》に入《はい》る前《まえ》のある日《ひ》、親友《しんゆう》に突然《とつぜん》こう言《い》われたのです。

「ママが、もうきみとは遊《あそ》んじゃだめだって。」

ショックを受《う》けたマーティンは、お父《とう》さんに話《はな》しました。

すると、お父《とう》さんは言《い》ったのです。

「くやしいけれど……、黒人《こくじん》は白人《はくじん》と同《おな》じ生活《せいかつ》はできないんだ。白人《はくじん》の友《とも》だちと同《おな》じ学校《がっこう》にも行《い》けない。州《しゅう》の法律《ほうりつ》で、決《き》まっているのだよ。」

お父《とう》さんは、続《つづ》けました。

「わたしたちアメリカの黒人《こくじん》の祖先《そせん》は、どれいとしてアメリカに連《つ》れてこられたんだ。ひいおじいさんも牛《うし》や馬《うま》のように売《う》り買《か》いされて、苦《くる》しみながら死《し》んだ。およそ七十年前《ねんまえ》の南北戦争《なんぼくせんそう》をきっかけに、どれい制度《せいど》は廃止《はいし》されたけれど……、差別《さべつ》はなくならず、ひどくなるばかりなのだよ。」

お父《とう》さんの話《はなし》は、マーティンの心《こころ》のおく深《ふか》くに、刻《きざ》みこまれました。

やがて、小中学校《しょうちゅうがっこう》を優秀《ゆうしゅう》な成績《せいせき》で卒業《そつぎょう》したマーティン・ルーサー・キングは、高校生最後《こうこうせいさいご》の年《とし》に弁論大会《べんろんたいかい》で、みごと優勝《ゆうしょう》しました。その大会《たいかい》の帰《かえ》りのバスの中《なか》で――。かれは、ある事件《じけん》に出《で》くわしたのです。

「おい、そこの黒人野郎《こくじんやろう》。席《せき》をどけ。」

バスに乗《の》ってきた白人《はくじん》の男《おとこ》が、どなりつけてきました。

キングは、言《い》いかえしました。

「なぜあなたにゆずる必要《ひつよう》があるんですか。」

すると、となりに座《すわ》っていた先生《せんせい》がこう言《い》ったのです。

「ゆずりましょう。痛《いた》い目《め》にあう前《まえ》に……。」

キングはだまって席《せき》を立《た》ち、そして、つぶやきました。

「差別《さべつ》のない世《よ》の中《なか》を……、ぼくは作《つく》ってみせる。」

このときのくやしさをバネに、大《だい》学生《がくせい》になるとキングは、猛勉強《もうべんきょう》をしました。次《つぎ》から次《つぎ》へと本《ほん》を読《よ》み、やがて、ある一人《ひとり》の人物《じんぶつ》の教《おし》えにたどりついたのです。

インドの指導者《しどうしゃ》・ガンジーでした。

ガンジーは、インドから貧困《ひんこん》や差《さ》別《べつ》をなくすために、一生《いっしょう》をささげた人《ひと》です。かれがつらぬいた「非暴力《ひぼうりょく》」の考《かんが》え方《かた》に、キングの心《こころ》はゆさぶら

れました。

「白人《はくじん》の暴力《ぼうりょく》に、暴力《ぼうりょく》でていこうしても真《しん》の平和《へいわ》は生《う》まれない。ガンジーがインドで行《おこな》ったことを、アメリカでも実現《じつげん》したい。そうだ、牧師《ぼくし》になろう。言葉《ことば》で差別《さべつ》とたたかおう。」

こうして牧師《ぼくし》となったキングは、結婚《けっこん》をし、妻《つま》の故郷《こきょう》・アラバマの教会《きょうかい》で働《はたら》くことに決《き》めました。ところが妻《つま》のコレッタは、これに反対《はんたい》でした。

「アラバマで、黒人差別反対運動《こくじんさべつはんたいうんどう》などしたら、命《いのち》をねらわれるわ。危険《きけん》よ。」

当時《とうじ》、アラバマを始《はじ》めとする南部《なんぶ》の州《しゅう》では、「過激派《かげきは》」と呼《よ》ばれる白人《はくじん》集団《しゅうだん》が、大変《たいへん》な勢《いきお》いを持《も》っていました。特《とく》に、ＫＫＫ（クー・クラックス・クラン）という名《な》の組織《そしき》は、白《しろ》い頭《ず》きんに白装束《しろしょうぞく》で、十字架《じゅうじか》を燃《も》やしながら黒人《こくじん》に暴行《ぼうこう》を加《くわ》える、おそろしい集団《しゅうだん》でした。

それでもキングは、首《くび》をふりました。

「だからこそ行《い》くのだよ。今《いま》を変《か》えるために。」

キング、二十五歳《さい》のことでした。

翌年《よくねん》、アラバマでは、バスの中《なか》で白人《はくじん》に席《せき》をゆずらなかった黒人女性《こくじんじょせい》がたいほされ、町《まち》の黒人指導者《こくじんしどうしゃ》たちが、抗議《こうぎ》の暴動《ぼうどう》を起《お》こそうとしていました。そこにキングは飛《と》びこみ、言《い》ったのです。

「暴力《ぼうりょく》に、暴力《ぼうりょく》で立《た》ちむかっても、なんの解決《かいけつ》にもなりません。バスに乗《の》るのを拒否《きょひ》して、町《まち》の経済《けいざい》に打撃《だげき》をあたえるのはどうでしょう。」

さらにキングは、教会《きょうかい》でもうったえました。

「今《いま》こそ我《われ》われが、一つになるときです。愛《あい》と勇気《ゆうき》を持《も》って、行動《こうどう》しましょう。」

割《わ》れんばかりの拍手《はくしゅ》が起《お》こりました。キングの呼《よ》びかけが、黒人《こくじん》たちの心《こころ》に届《とど》いたのです。バスボイコット運動《うんどう》の始《はじ》まりでした。黒人《こくじん》たちは、寒《さむ》い日《ひ》も、雨《あめ》の日《ひ》もバスに乗《の》らず、長《なが》いきょりを歩《ある》いて仕事《しごと》へ向《む》かいました。

運動《うんどう》の様子《ようす》は、議会《ぎかい》へと伝《つた》わり、ついに一年後《ねんご》——アラバマ州《しゅう》の人種差別《じんしゅさべつ》法《ほう》が改正《かいせい》されることになったのです。

「やった。これで自由《じゆう》にバスに乗《の》れるぞ。」

アラバマの勝利《しょうり》は、アメリカ全土《ぜんど》の黒人《こくじん》たちを勇気《ゆうき》づけ、各地《かくち》でさまざまな運動《うんどう》が広《ひろ》がりました。ノースカロライナ州《しゅう》やアトランタ州《しゅう》では、白人《はくじん》専用《せんよう》の食事《しょくじ》コーナーに黒人《こくじん》たちが座《すわ》りこんで無言《むごん》の抗議《こうぎ》が行《おこな》われました。運動《うんどう》が起《お》こるたびに、キングは飛《と》んでいき、力強《ちからづよ》く演説《えんぜつ》しました。

「非暴力《ひぼうりょく》こそが、最大《さいだい》の武器《ぶき》です。差別《さべつ》する人《ひと》を、にくまずに、愛《あい》するのです。」

ところがそんなかれに、にくしみのほのおが向《む》けられたのです。

ＫＫＫが、キングに目《め》をつけたのでした。かれらはキングの家《いえ》に何度《なんど》も火《ひ》をつけようとしました。きょうはく電話《でんわ》も毎日《まいにち》かかってきました。一方《いっぽう》で、白人《はくじん》の警察官《けいさつかん》たちは、キングの運動《うんどう》をはばもうと、法律《ほうりつ》をたてに何度《なんど》もかれをたいほしました。

それでもキングは、ひるみません。

「負《ま》けないぞ。差別《さべつ》のない社会《しゃかい》を作《つく》るまでは——。」

キングは刑務所《けいむしょ》の中《なか》で手紙《てがみ》をつづり、少《すく》ないながらも黒人《こくじん》に協力《きょうりょく》してくれる白人《はくじん》の賛同者《さんどうしゃ》へ、助《たす》けを求《もと》めました。かれの勇気《ゆうき》に、多《おお》くの心《こころ》が動《うご》きはじめました。そしてついに——。

「ぼくたちも、参加《さんか》させてください。」

黒人《こくじん》の子《こ》どもたちも、立《た》ちあがったのです。

一九六三年《ねん》五月《がつ》。アラバマ州《しゅう》のデモ行進《こうしん》に集《あつ》まった子《こ》どもの数《かず》は、千人《せんにん》をこえました。同《おな》じ人間《にんげん》でありながら、親友《しんゆう》と同《おな》じ学校《がっこう》に行《い》けない、いっしょに食《しょく》事《じ》もできない、同《おな》じトイレも使《つか》えない、そんな差別《さべつ》のつらさをいちばんはだで感《かん》じていたのは、子《こ》どもたちだったのです。デモ行進二日目《こうしんふつかめ》。二千《せん》五百人《ひゃくにん》をこえる子《こ》どもたちが、町《まち》を練《ね》りあるきました。白人警察官《はくじんけいさつかん》は消防隊《しょうぼうたい》

を使《つか》って、放水《ほうすい》によって行進《こうしん》を止《と》めようとしました。でも子《こ》どもたちは、歩《ある》くのをやめません。

「いい加減《かげん》にしろ。おまえらは一体《いったい》、何《なに》がほしいんだ。」

警察官《けいさつかん》の声《こえ》に、女《おんな》の子《こ》はきっぱりと答《こた》えたのです。

「自由《じゆう》よ。」

消防隊《しょうぼうたい》の手《て》が、その瞬間《しゅんかん》、ぴたりと止《と》まりました。

びしょぬれの子《こ》どもたちの勇気《ゆうき》を見《み》て、やがて白人《はくじん》たちもデモに加《くわ》わりはじめました。参加者《さんかしゃ》は、五万《まん》、十万《まん》にものぼっています。

「フリーダム！（自由《じゆう》を！）フリーダム！」

八月《がつ》のワシントン。ついに、二十万人《まんにん》が大行進《だいこうしん》を始《はじ》めました。広場《ひろば》に集《あつ》まった大勢《おおぜい》の市民《しみん》――その最前列《さいぜんれつ》で、キングの演説《えんぜつ》は始《はじ》まりました。

「わたしには、夢《ゆめ》がある。それはいつの日《ひ》か、かつてのどれいの子孫《しそん》と、どれいの所有者《しょゆうしゃ》の子孫《しそん》が、同《おな》じテーブルにつくことだ。」

二十万人《まんにん》がしんと静《しず》まる中《なか》、キングは続《つづ》けました。

「わたしの夢《ゆめ》は……、わたしの四人《にん》の子《こ》どもが、はだの色《いろ》によってではなく、人格《じんかく》で評価《ひょうか》される国《くに》に生《い》きられることだ。――なつかしい歌《うた》を、ともに歌《うた》う日《ひ》がくるのを早《はや》めよう。『自由《じゆう》だ。わたしたちはついに自由《じゆう》になったのだ』と。」

次《つぎ》の瞬間《しゅんかん》、大歓声《だいかんせい》がとどろいたのです。

キングの行動《こうどう》は、ついにアメリカの人種差別法《じんしゅさべつほう》をてっぱいに導《みちび》きました。

この功績《こうせき》によって、一九六四年《ねん》にノーベル平和賞《へいわしょう》を受賞《じゅしょう》しました。

ところが、四年後《ねんご》——かれは三十九歳《さい》の若《わか》さで突然《とつぜん》、この世《よ》を去《さ》りました。テネシー州《しゅう》のホテルで、白人男性《はくじんだんせい》によって銃《じゅう》でうたれたのでした。

力強《ちからづよ》い言葉《ことば》で最後《さいご》まで差別《さべつ》とたたかいつづけたマーティン・ルーサー・キング牧師《ぼくし》。かれの誕生日《たんじょうび》に近《ちか》い、一月《がつ》の第《だい》三月曜日《げつようび》は、キングの栄誉《えいよ》をたたえてアメリカの祝日《しゅくじつ》に定《さだ》められています。

マーティン・ルーサー・キング・ジュニア
（一九二九～一九六八年《ねん》）

演説《えんぜつ》の名人《めいじん》

キング牧師《ぼくし》はアメリカ一の演説《えんぜつ》の名人《めいじん》といわれていました。劇的《げきてき》な表現《ひょうげん》を使《つか》ったり、間《ま》の取《と》り方《かた》を工夫《くふう》したり、ときには静《しず》かに語《かた》りかけ、ときには激《はげ》しく大《おお》きな声《こえ》でうったえたりして、演説《えんぜつ》を聞《き》く人《ひと》びとに大《おお》きな感動《かんどう》をあたえました。こうした演説《えんぜつ》の力《ちから》は、若《わか》いころからキング牧《ぼく》師《し》が教会《きょうかい》の牧師《ぼくし》として、人《ひと》びとの前《まえ》で説《せっ》教《きょう》（教会《きょうかい》に来《く》る人《ひと》びとの前《まえ》で話《はなし》をすること）をしていた経験《けいけん》が、大《おお》きく役《やく》に立《た》っていました。

フランスを
救《すく》った少女《しょうじょ》

ジャンヌ・ダルク

文・沢辺有司
絵・みきさと

今《いま》から六百年《ぴゃくねん》ほど前《まえ》のフランス。王太子《おうたいし》シャルルは、亡《な》くなった父《ちち》シャルル六世《せい》のあとをついで国王《こくおう》になろうとしましたが、できないでいました。王《おう》になるには、ランスという町《まち》で王冠《おうかん》を受《う》ける儀式《ぎしき》（戴冠式《たいかんしき》）をあげなければなりませんが、ランスの周《まわ》りには、戦争《せんそう》で攻《せ》めてきたイギリス軍《ぐん》がいて、近《ちか》づくことができなかったのです。それはイギリス国王《こくおう》がフランス国《こく》王《おう》の座《ざ》をねらって戦争《せんそう》をしかけ、両国《りょうこく》がおよそ百年間《ひゃくねんかん》も戦《たたか》いを続《つづ》けていたからでした。この戦《たたか》いは百年戦争《ひゃくねんせんそう》と呼《よ》ばれています。

このフランスの危機《きき》を救《すく》ったのが、ジャンヌ・ダルクです——。

ジャンヌは、ドンレミという小《ちい》さな村《むら》に生《う》まれた、ごくふつうの少女《しょうじょ》です。しかし、十三歳《さい》になったある夏《なつ》の日《ひ》、不思議《ふしぎ》なことが起《お》こりました。庭先《にわさき》にひとすじの光《ひかり》がかがやき、そのまぶしい光《ひかり》を見《み》つめていると、

〝ジャンヌ。フランスを救《すく》いなさい。フランスの王《おう》を救《すく》いなさい。〟

「これは神様《かみさま》の声《こえ》？」

神《かみ》を強《つよ》く信《しん》じるジャンヌは、そう思《おも》いましたが、全身《ぜんしん》はこわばって、思《おも》わず泣《な》きだしそうになっていました。

何度《なんど》かそのようなことがあって、こわいと思《おも》うことはなくなりましたが、自分《じぶん》がフランスを救《すく》えるとは思《おも》えず、ただ、いつもどおりに毎日《まいにち》を過《す》ごしていました。

それから三年後《ねんご》、ドンレミの村《むら》にイギリスの兵隊《へいたい》がやってきて、村《むら》をあらしました。必死《ひっし》でにげまどう人《ひと》びと……。それを見《み》たジャンヌは、

「このままでは、フランスはせん領《りょう》されてしまう……。」

なんとかしたいという思《おも》いが、ジャンヌをつきうごかしました。

「わたしを王太子《おうたいし》シャルル様《さま》のもとへお連《つ》れください。これは神《かみ》のご命令《めいれい》です。」

近《ちか》くの城《しろ》に向《む》かったジャンヌは、守備隊長《しゅびたいちょう》にそう伝《つた》えました。しかし守《しゅ》備隊長《びたいちょう》は、いなかから出《で》てきた名《な》もない少女《しょうじょ》の言《い》うことなど聞《き》きいれません。ジャンヌはあきらめず、来《く》る日《ひ》も来《く》る日《ひ》も城《しろ》の前《まえ》に座《すわ》り、隊長《たいちょう》の返事《へんじ》

を待《ま》ちました。そのうち、ジャンヌの熱心《ねっしん》な姿《すがた》に、

「ジャンヌは神《かみ》の使《つか》いだ。フランスを救《すく》うむすめだ。」

と、ジャンヌを応援《おうえん》し、熱《ねっ》きょうする人《ひと》びとが現《あらわ》れました。やがて町《まち》はジャンヌのうわさでもちきりとなりました。

それを見《み》た守備隊長《しゅびたいちょう》は、

「……本当《ほんとう》にあの少女《しょうじょ》は神《かみ》の使《つか》いかもしれぬ。」

と思《おも》い、ジャンヌを、王太子《おうたいし》のいるシノン城《じょう》へ連《つ》れていくことにしました。

シノン城《じょう》でも、神《かみ》の声《こえ》を聞《き》く少女《しょうじょ》ジャンヌのうわさでもちきりでした。

しかし、王《おう》の側近《そっきん》トレモイユは、ジャンヌのことを信《しん》じません。

「神《かみ》の声《こえ》が聞《き》こえるなら、この中《なか》で王太子《おうたいし》がだれかわかるはずだ。」

広間《ひろま》にいる三百人《びゃくにん》もの人《ひと》の中《なか》から王太子《おうたいし》を当《あ》てさせようとしました。

ジャンヌは、王太子《おうたいし》の顔《かお》を見《み》たこともありません。中《なか》にはわざと王太子《おうたいし》に変装《へんそう》した人《ひと》もいました。でも、ジャンヌは、なんのためらいもなくまっすぐに歩《ある》きだし、

「あなたが王太子様《おうたいしさま》ですね。」

と言《い》って、本物《ほんもの》の王太子《おうたいし》、シャルルの前《まえ》に立《た》ちました。

「わたしは神《かみ》の言葉《ことば》を受《う》け、あなたをランスで戴冠《たいかん》さ

せるために来《き》ました。」

広間《ひろま》にざわめきが起《お》きました。王太子《おうたいし》は、ジャンヌにたずねました。

「わたしが、本当《ほんとう》に王《おう》になれるのか。」

「はい、これは神《かみ》のご意思《いし》です。」

ジャンヌを信《しん》じてみようと思《おも》った王太子《おうたいし》は、ジャンヌに馬《うま》と兵《へい》をあたえることにしました。

出陣《しゅつじん》の日《ひ》――。特別《とくべつ》に作《つく》られた白《しろ》い甲《かっ》ちゅうを身《み》に着《つ》けたジャンヌは、白馬《はくば》にまたがり、軍旗《ぐんき》を高《たか》だかとかかげ、戦場《せんじょう》を目指《めざ》します。

「フランスを救《すく》うむすめ、ジャンヌ。」

集《あつ》まった群衆《ぐんしゅう》は、口《くち》ぐちにそうさけび、ジャンヌを送《おく》りだしました。

「必《かなら》ず、フランスは救《すく》われるわ――。」

勇気《ゆうき》を得《え》たジャンヌは、強《つよ》くそう思《おも》いました。

ジャンヌの軍《ぐん》が向《む》かったのは、オルレアンという町《まち》です。そこは、フランス軍《ぐん》とイギリス軍《ぐん》がぶつかる、最前線《さいぜんせん》でした。

ジャンヌがオルレアンに着《つ》いてみると、フランスの兵隊《へいたい》たちは、イギリス軍《ぐん》の勢《いきお》いをおそれ、なかなか攻《せ》めようとしません。

「進《すす》め、わが軍《ぐん》よ。」

ジャンヌは、先頭《せんとう》に立《た》って敵《てき》の軍《ぐん》に攻《せ》めこみました。

それにはげまされ、フランスの兵隊《へいたい》たちも、勇敢《ゆうかん》に戦《たたか》いはじめました。ジャンヌの軍《ぐん》は次《つぎ》つぎとイギリス軍《ぐん》をやぶり、ついにオルレアンの町《まち》を解放《かいほう》しました。

オルレアンの解放《かいほう》で、フランスが有利《ゆうり》になると、ジャンヌは、

「一刻《いっこく》も早《はや》くランスに向《む》かい、戴冠式《たいかんしき》をあげるべきです。」

と、王太子《おうたいし》にうったえました。すっかりジャンヌを信《しん》じるようになった王太子《おうたいし》は、ランスへ向《む》かうことにしました。

その道《みち》には、強《つよ》いイギリス軍《ぐん》のほうについた町《まち》が立《た》ちふさがっていましたが、ジャンヌがねばり強《づよ》く説得《せっとく》し、争《あらそ》うことなくランスを目指《めざ》しました。

ランスに無事《ぶじ》に到着《とうちゃく》すると、まばゆいばかりの戴冠式《たいかんしき》が開《ひら》かれました。王太子《おうたいし》は、正式《せいしき》にフランス王《おう》シャルル七世《せい》となったのです。

「王様《おうさま》、神《かみ》のお望《のぞ》みが今果《いまは》たされました……。」

シャルル七世《せい》をあおぎ見《み》るジャンヌ。そのひとみは、なみだでかがやいていました。故《こ》郷《きょう》を出《で》てから、半年《はんとし》がたっていました――。

しかし、ジャンヌにはまだやるべきことが

残《のこ》っていました。首都《しゅと》のパリは、まだイギリスが支配《しはい》していたので、イギリス軍《ぐん》を追《お》いはらわなければなりません。ジャンヌの軍《ぐん》はパリへ向《む》かいました。けれども、兵力《へいりょく》を増《ふ》やしたイギリス軍《ぐん》の前《まえ》に敗《やぶ》れてしまいます。その後《ご》ジャンヌは、イギリス軍《ぐん》に囲《かこ》まれたシャルル七世《せい》を助《たす》けに向《む》かいましたが、そこでイギリス軍《ぐん》によってとらえられてしまいます。

身代金《みのしろきん》をはらえば、ジャンヌは解放《かいほう》されるはずでした。ところが、

「もう、あのむすめには、関《かか》わらないほうがよろしい。」

ジャンヌの活躍《かつやく》がめざわりな側近《そっきん》トレモイユが、シャルル七世《せい》を言《い》いくるめ、身代金《みのしろきん》がはらわれることはありませんでした。

「王様《おうさま》……。なぜわたしを助《たす》けてくださらないの……。」

たったひとり、ろうごくの片《かた》すみで、ジャンヌは不安《ふあん》ときょうふにふるえました。

やがて、異端裁判《いたんさいばん》が始《はじ》まりました。異端《いたん》裁判《さいばん》とは、神《かみ》に背《そむ》いたかどうかを教会《きょうかい》が裁《さば》くものです。

教会《きょうかい》はイギリスの味方《みかた》だったので、ジャンヌを強《つよ》く責《せ》めました。

「ジャンヌは、神《かみ》の声《こえ》を聞《き》いたと、うそを言《い》っている。」

しかし、ジャンヌは、きぜんと答《こた》えます。

「〝フランスを救《すく》いなさい〟という神《かみ》の声《こえ》に従《したが》ったまでです。」

ジャンヌが異端者《いたんしゃ》であることは証明《しょうめい》できませんでした。けれど教会《きょうかい》は、なんとして

でもジャンヌを死刑《しけい》にするつもりでした。

ある日《ひ》、ろうごくに男性用《だんせいよう》の服《ふく》が投《な》げいれられました。ジャンヌは、何《なに》も知《し》らぬまま、それを着《き》ました。すると、そこに教会《きょうかい》の司教《しきょう》が現《あらわ》れ、ジャンヌが罪《つみ》を犯《おか》したと責《せ》めたてました。女性《じょせい》が男性用《だんせいよう》の服《ふく》を着《き》ることは神《かみ》の教《おし》えに背《そむ》くことだと、教会《きょうかい》は主張《しゅちょう》していたのです。おどろいたジャンヌは、

「あなたは、ひどい。わたしをだまそうとしたのですね。」

「司教《しきょう》にたてついたな。お前《まえ》は死刑《しけい》だ。」

すべては司教《しきょう》がしかけた、わなだったのです――。

ジャンヌは、火《ひ》あぶりの台《だい》にしばりつけられました。その顔《かお》は青白《あおじろ》く、ほおはやせこけ、すでにていこうする力《ちから》もありません。

こんなことになるのなら、フランスのために戦《たたか》うべきではなかった……。ふつうなら、そうくやむのが当《あ》たり前《まえ》です。しかし、ジャンヌはちがいました。

「わたしは、フランスの人《ひと》びとを救《すく》うために戦《たたか》ったのです。そのことにくいはありません。たとえ、だれも認《みと》めてくれなくても……。」

火《ひ》が放《はな》たれました。あっというまにほのおに包《つつ》まれたジャンヌは、ほこり高《たか》い思《おも》いとともに、天《てん》に召《め》されました。

わずか十九年《ねん》の生《しょう》がいでした――。

その後《ご》、シャルル七世《せい》は、パリをうばいかえし、およそ百年《ひゃくねん》もの長《なが》い間《あいだ》続《つづ》いていた戦争《せんそう》は終《お》わり、フランスにようやく平和《へいわ》がおとずれました。しかしそれは、ジャンヌがもたらした平和《へいわ》でした。フランスの人《ひと》びとはそのことを忘《わす》れませんでした。そして今《いま》でも、フランスを救《すく》った少女《しょうじょ》ジャンヌ・ダルクを深《ふか》く愛《あい》しているのです。

ジャンヌ・ダルク
（一四一二～一四三一年《ねん》）

旗持《はたも》ち役《やく》のジャンヌ

戦争《せんそう》の経験《けいけん》のなかったジャンヌですが、オルレアンの戦《たたか》いでは勇敢《ゆうかん》に戦《たたか》いました。しかし、このときはまだ十代《だい》後半《こうはん》の少女《しょうじょ》だったこともあり、左《ひだり》かたに矢《や》を受《う》けたときに、不安《ふあん》のあまり泣《な》きだしてしまいました。また、人《ひと》を殺《ころ》したくないという理由《りゆう》から、旗持《はたも》ちになって仲間《なかま》の兵士《へいし》をはげます役目《やくめ》を果《は》たし、戦《たたか》いでは進《すす》んで危険《きけん》なとつげきの先頭《せんとう》に立《た》ちました。ジャンヌのはげましにより兵士《へいし》たちの士気《しき》は上《あ》がり、みごとに勝利《しょうり》しました。

幕末《ばくまつ》に
日本とアメリカの
かけ橋《はし》になった

ジョン万《まん》次《じ》郎《ろう》

文・小柳順治
絵・小野正統

一八五三年《ねん》、四隻《せき》の真《ま》っ黒《くろ》な船《ふね》が、突然《とつぜん》、浦賀《うらが》（今《いま》の神奈川県横須賀市《かながわけんよこすかし》）の沖《おき》に現《あらわ》れました。船《ふね》のえんとつからは、もくもくと黒《くろ》いけむりが上《あ》がっています。それまで、日本人《じん》が見《み》たこともない船《ふね》です。それは、ペリー提《てい》督率《とくひき》いるアメリカ海軍《かいぐん》の艦隊《かんたい》でした。

当時《とうじ》の日本は、オランダなど、一部《いちぶ》の国《くに》をのぞいて外国《がいこく》とは付《つ》きあわない鎖国政策《さこくせいさく》をとっていました。ペリーの目的《もくてき》は、日本に国《くに》を開《ひら》くよう、求《もと》めることでした。国《くに》をゆるがす大《だい》事件《じけん》に、当時《とうじ》の政府《せいふ》だった江戸幕府《えどばくふ》の役人《やくにん》たちは、ただあわててふためくばかりでした。

「だれか、言葉《ことば》のわかる者《もの》はいないのか。」

このとき、一人《ひとり》の若者《わかもの》が、幕府《ばくふ》に呼《よ》びだされました。この若者《わかもの》は、二年《ねん》前《まえ》、アメリカから、日本へ帰国《きこく》していたのです。

「アメリカとは、どんな国《くに》なのか。」

幕府《ばくふ》の役人《やくにん》からきかれた若者《わかもの》は、

「アメリカには国王《こくおう》などはおらず、人《ひと》がらや能力《のうりょく》の優《すぐ》れた人物《じんぶつ》が大統領《だいとうりょう》に選《えら》ばれ、国《くに》の政治《せいじ》を行《おこな》います。

そして……。」

幕府《ばくふ》の役人《やくにん》は、ただ目《め》を白黒《しろくろ》させるばかり。この若者《わかもの》の名前《なまえ》は、中浜万次郎《なかはままんじろう》。またの名前《なまえ》を、ジョン万次郎《まんじろう》といいます。

一八二七年、万次郎《まんじろう》は、土佐《とさ》（今《いま》の高知県《こうちけん》）の中浜《なかはま》に生《う》まれました。十歳《さい》のころに父親《ちちおや》を亡《な》くし、幼《おさな》いころから働《はたら》いて家《いえ》を支《ささ》えなくてはなりませんでした。

「おれががんばって、家族《かぞく》の生活《せいかつ》を支《ささ》えなくては。」

万次郎《まんじろう》は十五歳《さい》になったとき、四人《にん》の仲間《なかま》とともに漁《りょう》に出発《しゅっぱつ》しました。

漁《りょう》に出《で》たあと、万次郎《まんじろう》たちの船《ふね》は、もうれつな風《かぜ》にあおられて漂流《ひょうりゅう》しはじめました。季節《きせつ》は真冬《まふゆ》の一月《がつ》。みぞれの混《ま》じった風《かぜ》は氷《こおり》のように冷《つめ》たく、食《た》べ物《もの》も水《みず》も底《そこ》をついて、万次郎《まんじろう》たちは、うえとかわきに苦《くる》しみました。

「もう、だめだ。わしらは助《たす》からぬ。」

数日間漂流《すうじつかんひょうりゅう》して、だれもが絶望《ぜつぼう》していたとき、

「島《しま》だ。」

だれかがさけびました。遠《とお》くに小《ちい》さな島《しま》が見《み》えます。万次郎《まんじろう》たちは最後《さいご》

の力《ちから》をふりしぼって、小島《こじま》に向《む》かって船《ふね》をこぎはじめました。

その島《しま》は無人島《むじんとう》でしたが、幸《さいわ》いなことにアホウドリが巣作《すづく》りをする場《ば》所《しょ》だったので、万次郎《まんじろう》たちはアホウドリをつかまえて、うえを満《み》たすことができました。おかげで、万次郎《まんじろう》たちはこの島《しま》で、百《ひゃく》四十三日間《にちかん》、生《い》きのびることができました。しかし、アホウドリが巣作《すづく》りを終《お》えて、島《しま》から飛《と》びたってしまうと、もう、食《た》べ物《もの》は海藻《かいそう》しかありません。

ある日《ひ》、万次郎《まんじろう》は島《しま》へ向《む》かってやってくる二隻《せき》のボートを発見《はっけん》しました。

「助《たす》かった。」

そうさけんで、万次郎《まんじろう》は浜辺《はまべ》に向《む》かって走《はし》りました。ボートには髪《かみ》の毛《け》が茶色《ちゃいろ》の人《ひと》や、はだの色《いろ》が黒《くろ》い人《ひと》が乗《の》っていました。万次郎《まんじろう》が外国人《がいこくじん》を見《み》るのは、このときが初《はじ》めてでした。

万次郎《まんじろう》たちを船《ふね》に乗《の》せてくれたのは、アメリカのくじらをとる船《ふね》「ジョン・ハウランド号《ごう》」で、船長《せんちょう》の名前《なまえ》はウィリアム・ホイットフィールドといいました。

「このまま、日本へ連《つ》れかえってくれるといいのだが……。」

万次郎《まんじろう》たちはそう願《ねが》いましたが、この時代《じだい》、日本は鎖国《さこく》していたので、日本人《じん》が海外《かいがい》へ行《い》き来《き》することは、厳《きび》しく禁《きん》じられていました。

「英語《えいご》で海《うみ》はシー。船《ふね》はシップ。水夫《すいふ》はセーラー。そして水平線《すいへいせん》はホライゾン。」

船《ふね》の中《なか》で、万次郎《まんじろう》は進《すす》んで英語《えいご》を覚《おぼ》え、アメリカ人《じん》と日本人《じん》がおたがいに分《わ》かりあえるように努力《どりょく》をしました。

船長《せんちょう》は、そんな万次郎《まんじろう》をとても信頼《しんらい》して、万次郎《まんじろう》に大切《たいせつ》な見張《みは》りの役目《やくめ》を任《まか》せました。

ジョン・ハウランド号《ごう》はくじらを追《お》いながら東《ひがし》へ向《む》かい、ハワイのホノルルに到着《とうちゃく》しました。ホイットフィールド船長《せんちょう》は、万次郎《まんじろう》がとてもまじめで頭《あたま》がよく、がんばり屋《や》なのを知《し》っていましたから、

「マンジローに、アメリカの教育《きょういく》を受《う》けさせたい。」

と、言《い》いだしました。アメリカで勉強《べんきょう》して、新《あたら》しい知識《ちしき》を身《み》につけたいと願《ねが》う万次郎《まんじろう》にとって、これは大《おお》きなチャンスでした。

「お願《ねが》いします。」

ほかの仲間《なかま》たちとハワイで別《わか》れ、万次郎《まんじろう》はジョン・ハウランド号《ごう》に乗《の》って、アメリカに向《む》かいました。「ジョン・ハウランド号《ごう》のマンジロー」、これを縮《ちぢ》めて、船《ふね》の仲間《なかま》たちは、万次郎《まんじろう》のことを「ジョン・マン」と呼《よ》ぶようになりました。

一八四三年《ねん》、ジョン・ハウランド号《ごう》は、船長《せんちょう》のふるさと、フェアヘブンという町《まち》に着《つ》きました。船長《せんちょう》は、万次郎《まんじろう》を養子《ようし》にして、家族《かぞく》の一員《いちいん》としてあつかってくれました。十七歳《さい》になっていた万次郎《まんじろう》は、まず、

小学校《しょうがっこう》で子《こ》どもたちに交《ま》じって、英語《えいご》の勉強《べんきょう》をしました。やがて船長《せんちょう》のすすめで、上《うえ》の学校《がっこう》へ進学《しんがく》し、数学《すうがく》や測量《そくりょう》、航海術《こうかいじゅつ》などを学《まな》びました。

「船長《せんちょう》にお世話《せわ》になるばかりでは、申《もう》しわけが立《た》たない。」

万次郎《まんじろう》は、たる職人《しょくにん》のもとでアルバイトをして、教科書代《きょうかしょだい》などは自分《じぶん》でかせぎました。アメリカの生活《せいかつ》は、すべてがおどろきの連続《れんぞく》でした。

「うわっ、あの橋《はし》、動《うご》いているぞ。」

それは、船《ふね》を通《とお》すときだけ動《うご》く開門橋《かいもんきょう》でした。ほかにも蒸気船《じょうきせん》、蒸気機関車《じょうききかんしゃ》、灯台《とうだい》、電信《でんしん》の技術《ぎじゅつ》など、アメリカの文明《ぶんめい》は、当時《とうじ》の日本よりずっと進《すす》んでいました。しかし、万次郎《まんじろう》が最《もっと》も感動《かんどう》したのは、努力《どりょく》すれば、自分《じぶん》がやりたい仕事《しごと》につけ、高《たか》い地位《ちい》を得《え》ることのできる社会《しゃかい》が、市民《しみん》たちに開《ひら》かれているということでした。日本のように、「農民《のうみん》に生《う》まれたら、一生《いっしょう》、

農民《のうみん》。さむらいに生《う》まれたら、一生《いっしょう》、さむらい」などということがないのです。

「アメリカのよいところを日本の人《ひと》びとに伝《つた》えたい。」

万次郎《まんじろう》はこのころから、日本のことがとてもなつかしくなり、日本へ帰《かえ》りたいと願《ねが》うようになっていました。しかし日本へもどれば、決《き》まりを破《やぶ》ったということで、ろう屋《や》に入《い》れられるかもしれません。

「それでもいい。おれは日本へ帰《かえ》ろう。」

万次郎《まんじろう》は、カリフォルニアへ行《い》って、金鉱《きんこう》で金《きん》をほりだす仕事《しごと》につきました。そして、ためたお金《かね》を持《も》って、ハワイへわたりました。

「万次郎《まんじろう》、万次郎《まんじろう》じゃないか。お前《まえ》、生《い》きていたのか。」

ハワイでは、なつかしい漁師仲間《りょうしなかま》たちと再会《さいかい》を果《は》たすことができました。そして、仲間《なかま》たちとともに祖国《そこく》、日本へ出航《しゅっこう》しました。

一八五一年《ねん》、船《ふね》が琉球《りゅうきゅう》（今《いま》の沖縄県《おきなわけん》）に着《つ》くと、万次郎《まんじろう》たちは小舟《こぶね》をこいで上陸《じょうりく》しました。するとすぐに、取《と》りしらべのために琉球《りゅうきゅう》から薩摩《さつま》（今《いま》

の鹿児島県《かごしまけん》）へ移《うつ》されました。その後《ご》、長崎奉行所《ながさきぶぎょうしょ》で取《と》りしらべを受《う》けたあと、ようやく万次郎《まんじろう》は、土佐《とさ》に帰《かえ》ることができました。土佐《とさ》では、親《した》しい友人《ゆうじん》たちに「アメリカとはどんな国《くに》か」を熱心《ねっしん》に語《かた》り、のちの明治維新《めいじいしん》で大《おお》きな働《はたら》きをした志士《しし》たちに強《つよ》い影響《えいきょう》をあたえました。あの坂本龍馬《さかもとりょうま》も、万次郎《まんじろう》が語《かた》ったアメリカの国《くに》のあり方《かた》に激《はげ》しく心《こころ》を動《うご》かされて、「新《あたら》しい日本を作《つく》るんだ」という大《おお》きな志《こころざし》をいだくようになったといわれています。

二年後《ねんご》、ペリーによる黒船来航《くろふねらいこう》のとき、アメリカについての情報《じょうほう》を必要《ひつよう》とした江戸幕府《えどばくふ》は、万次郎《まんじろう》を江戸《えど》まで呼《よ》びだし、「中浜《なかはま》」の姓《せい》をあたえ、武士《ぶし》に取《と》りたてました。その後《ご》、万次郎《まんじろう》は通訳《つうやく》をはじめ、英会話《えいかいわ》の本《ほん》を書《か》いたり、航海術《こうかいじゅつ》の本《ほん》を翻訳《ほんやく》したり、造船《ぞうせん》の技術《ぎじゅつ》を教《おし》えたりと、めざましい働《はたら》きをしました。

一八六〇年《ねん》、万次郎《まんじろう》は幕府《ばくふ》の使節団《しせつだん》の一員《いちいん》として、咸臨丸《かんりんまる》に乗《の》ってアメリカへわたりました。航海《こうかい》になれない日本人《じん》たちは、ほとんどが船酔《ふなよ》いでねこんでしまい、万次郎《まんじろう》が船長《せんちょう》の役目《やくめ》を務《つと》めました。咸臨丸《かんりんまる》には、のちに『学問《がくもん》のすゝめ』を書《か》いて、慶応義塾《けいおうぎじゅく》（今《いま》の慶応義塾大学《けいおうぎじゅくだいがく》）を開《ひら》いた福沢《ふくざわ》諭吉《ゆきち》も乗《の》っていました。福沢《ふくざわ》は、万次郎《まんじろう》とともにアメリカで、「国《くに》の主人《しゅじん》は、国民《こくみん》みんななのだ」という民主主義《みんしゅしゅぎ》の考《かんが》え方《かた》にふれ、この思想《しそう》を日本に持《も》ちかえって、広《ひろ》くいきわたらせました。

十五歳《さい》で漂流《ひょうりゅう》し、アメリカで学《まな》んだ少年《しょうねん》は、新《あたら》しい時代《じだい》を生《う》みだす、大《おお》きなきっかけを日本にもたらしてくれたのです。

ジョン（中浜《なかはま》）万次郎《まんじろう》（一八二七～一八九八年《ねん》）

日本の英語《えいご》教育《きょういく》につくした

咸臨丸《かんりんまる》でアメリカに行《い》った万次郎《まんじろう》は、福澤諭吉《ふくざわゆきち》といっしょに英語辞典《えいごじてん》を買《か》って、日本に持《も》ちかえりました。この辞典《じてん》は、その後《ご》の日本の英語教育《えいごきょういく》に大変役立《たいへんやくだ》ったといいます。また、『きらきら星《ぼし》』のメロディーにのせて歌《うた》う『ABC《エービーシー》の歌《うた》』は万次郎《まんじろう》が日本にしょうかいしたものです。

江戸幕府《えどばくふ》がたおれ明治《めいじ》の時代《じだい》になってからは、政府《せいふ》にたのまれて国立《こくりつ》の開成学校《かいせいがっこう》（今《いま》の東京大学《とうきょうだいがく》）の英語《えいご》の先生《せんせい》になりました。

日本の
家庭《かてい》電器《でんき》製品《せいひん》の
発展《はってん》につくした

松《まつ》下《した》幸《こう》之《の》助《すけ》

文・こざきゆう
絵・大塚洋一郎

冷蔵庫《れいぞうこ》やテレビ、電話《でんわ》など、さまざまな製品《せいひん》をつくっているパナソニックは、日本を代表《だいひょう》する電器製造業《でんきせいぞうぎょう》の会社《かいしゃ》です。この会社《かいしゃ》をおこし、一代《いちだい》で世界的《せかいてき》な企業《きぎょう》に成長《せいちょう》させた人物《じんぶつ》が、松下幸之助《まつしたこうのすけ》です。

幸之助《こうのすけ》は、一八九四年《ねん》和歌山県《わかやまけん》の地主《じぬし》の家《いえ》に、八人《にん》きょうだいの末《すえ》っ子《こ》として生《う》まれました。家《いえ》は大変《たいへん》ゆうふくで、幸之助《こうのすけ》も何不自由《なにふじゆう》なく育《そだ》つはずでした。しかし、幸之助《こうのすけ》が四歳《さい》のときお父《とう》さんが仕事《しごと》で失敗《しっぱい》して、ばく大《だい》な借金《しゃっきん》を返《かえ》すため、土地《とち》や家《いえ》

を手放《てばな》すことになってしまったのです。

豊《ゆた》かな暮《く》らしから一転《いってん》して、貧《まず》しい暮《く》らしが始《はじ》まりました。そのため幸《こう》之助《のすけ》は小学校《しょうがっこう》を辞《や》めて、九歳《さい》で大阪《おおさか》の火鉢店《ひばちてん》（当時《とうじ》の暖房器具《だんぼうきぐ》をあつかう店《みせ》）へ働《はたら》きに出《で》ました。親元《おやもと》を遠《とお》くはなれての、住《す》みこみ勤《づと》めです。

「……お母《かあ》さん……、ぼく、がんばるからね。」

そう決意《けつい》しても、幼《おさな》い男《おとこ》の子《こ》です。夜《よる》にはお母《かあ》さんが恋《こい》しくて、どうしても泣《な》いてしまいました。でも、幸之助《こうのすけ》は一生《いっしょう》けん命《めい》働《はたら》きました。

その後《ご》、幸之助《こうのすけ》は自転車店《じてんしゃてん》に移《うつ》り、自転車《じてんしゃ》の修理《しゅうり》や整備《せいび》、部品作《ぶひんづく》りを手《て》伝《つだ》いました。そのころ自転車《じてんしゃ》はめずらしいものだったので、幸之助《こうのすけ》は興味《きょうみ》津《しん》しん。手先《てさき》が器用《きよう》だったこともあり、みるみる仕事《しごと》を覚《おぼ》えていきました。

「ものを作《つく》ることは、なんておもしろいんだろう。」

働《はたら》くことに、楽《たの》しさを覚《おぼ》えるようになっていったのです。

そして大阪《おおさか》で五年《ねん》が過《す》ぎたころから、町《まち》は様子《ようす》を変《か》えていきました。路《ろ》面電車《めんでんしゃ》が走《はし》り、電灯《でんとう》が夜《よる》の町《まち》を明《あか》るく照《て》らすようになったのです。十五歳《さい》になり、将来《しょうらい》のことを考《かんが》えるようになっていた幸之助《こうのすけ》は思《おも》いました。

「電気《でんき》で世《よ》の中《なか》は変《か》わって、便利《べんり》になる。みんなが電気《でんき》を使《つか》う時代《じだい》がきっとくるぞ。」

そう思《おも》いたつと、いてもたってもいられなくなりました。すぐに自転車《じてんしゃ》店《てん》を辞《や》めて、電力会社《でんりょくがいしゃ》で電線工事人《でんせんこうじにん》の見習《みなら》いになったのです。

幸之助《こうのすけ》は、早《はや》く一人前《いちにんまえ》になりたい一心《いっしん》で、仕事《しごと》を覚《おぼ》えました。手際《てぎわ》もよかったので、わずか三か月《げつ》で正式《せいしき》な工事人《こうじにん》になることができました。

さらに二十二歳《さい》で、配線工事後《はいせんこうじご》のチェックをする検査員《けんさいん》に、最年少《さいねんしょう》で出《しゅっ》世《せ》しました。検査員《けんさいん》は工事《こうじ》の責任者《せきにんしゃ》で、なかなかなれる役職《やくしょく》ではありませ

ん。しかも、仕事時間《しごとじかん》が短《みじか》いのに給料《きゅうりょう》が高《たか》いとあって、工事人《こうじにん》たちのあこがれの仕事《しごと》です。しかし、幸之助《こうのすけ》はもの足《た》りなさを感《かん》じました。

(仕事《しごと》は楽《らく》だけど、やりたかったこととはちがう。ぼくは工事《こうじ》のときに工夫《くふう》したり、どうすればよりよくできるか考《かんが》えるのが好《す》きだったんだ。)

そのとき、ふと頭《あたま》をよぎるものがありました。それは、ソケットという電球《でんきゅう》を取《と》りつけるための部品《ぶひん》でした。幸之助《こうのすけ》は会社《かいしゃ》に勤《つと》めながら、使《つか》いやすく

改良《かいりょう》したソケットを作《つく》っていたのです。

「会社《かいしゃ》を辞《や》めて、改良《かいりょう》ソケットを作《つく》って売《う》る会社《かいしゃ》をおこそう。」

一九一七年《ねん》、幸之助《こうのすけ》は二十二歳《さい》で電力会社《でんりょくがいしゃ》を辞《や》め、翌年《よくねん》、ついに会社《かいしゃ》を始《はじ》めました。ところが――まったく売《う》れませんでした。

困《こま》りはてていたある日《ひ》、思《おも》わぬ注文《ちゅうもん》がきました。いつも一生《いっしょう》けん命《めい》に働《はたら》いている幸之助《こうのすけ》を見《み》ていた人《ひと》が、せん風機《ぷうき》の部品《ぶひん》を作《つく》ってほしいと言《い》うのです。幸之助《こうのすけ》はすぐに引《ひ》きうけ、ねる間《ま》をおしんで作《つく》りました。

幸之助《こうのすけ》の作《つく》ったせん風機《ぷうき》の部品《ぶひん》は品質《ひんしつ》もよく、おかげで大評判《だいひょうばん》です。最《さい》初《しょ》は千個《せんこ》の注文《ちゅうもん》でしたが、翌年《よくねん》すぐに二千個《せんこ》の注文《ちゅうもん》が入《はい》りました。

せん風機《ぷうき》の部品作《ぶひんづく》りをきっかけに、幸之助《こうのすけ》の会社《かいしゃ》は順調《じゅんちょう》に成長《せいちょう》していきました。その後《ご》も、これまであった電気器具《でんききぐ》を便利《べんり》にした商品《しょうひん》を作《つく》って、安《やす》い値段《ねだん》で販売《はんばい》しました。どれもよく売《う》れ、会社《かいしゃ》はどんどん大《おお》きくなっていきました。

やがて、一九二〇年代《ねんだい》、第一次世界大戦《だいいちじせかいたいせん》が終《お》わって、日本が経済的《けいざいてき》に発《はっ》展《てん》をする時代《じだい》をむかえました。

このころ幸之助《こうのすけ》は半年《はんとし》をかけて、自転車用《じてんしゃよう》ランプ「砲弾型電池《ほうだんがたでんち》ランプ」を作《つく》りました。これまでの十倍《ばい》も長持《ながも》ちするという、画期的《かっきてき》なものでした。

ところが、当時《とうじ》は二、三時間《じかん》しかもたなかった電池《でんち》ランプが三十時間以上《じかんいじょう》もつなんて、なかなか信《しん》じてもらえません。

「使《つか》ってもらえれば、本当《ほんとう》に長持《ながも》ちすることがわかるのに……、そうだ。」

そこで幸之助《こうのすけ》は、小売店《こうりてん》にこのランプを無料《むりょう》で提供《ていきょう》して、店先《みせさき》で実際《じっさい》にランプをつけてもらうことにしました。

結果《けっか》がよければ買《か》って

もらうという、大《だい》たんな方法《ほうほう》をとったのです。売《う》れなければ大赤字《おおあかじ》です。

その結果《けっか》――

「このランプ、まだついているのか。すごい。これは売《う》れるぞ。」

本当《ほんとう》に長持《ながも》ちするすばらしいランプだとわかった小売店《こうりてん》の店主《てんしゅ》たちから注文《ちゅうもん》がさっとうし、大変《たいへん》売《う》れたのです。

また、優秀《ゆうしゅう》な社員《しゃいん》に任《まか》せて「スーパーアイロン」というアイロンを作《つく》りました。そして、これを月《つき》に一万台生産《まんだいせいさん》することにしたのです。

「え、そんなに作《つく》るんですか。日本ではアイロンは、年《ねん》に十万台《まんだい》しか売《う》れていないんですよ。売《う》れるわけありません。」

社員《しゃいん》はおどろき、反対《はんたい》しました。しかし、幸之助《こうのすけ》は笑《わら》って言《い》いました。

「電気《でんき》アイロンは、どの家庭《かてい》でも欲《ほ》しいものだ。優《すぐ》れたアイロンなら、なおさらだ。しかも、たくさん作《つく》れば、それだけ値段《ねだん》を安《やす》くできるじゃないか。」

今《いま》は値段《ねだん》が高《たか》いので、欲《ほ》しくてもなかなか手《て》が出《で》ない人《ひと》が多《おお》い。それなら、手《て》ごろな値段《ねだん》でいいものを作《つく》ればお客《きゃく》さんは喜《よろこ》んで買《か》ってくれる、と考《かんが》えたのです。社員《しゃいん》は、なるほど、と思《おも》いました。そして——

アイロンは予想《よそう》どおりによく売《う》れました。しかも、外国製品《がいこくせいひん》に負《ま》けない

品質《ひんしつ》ということで、国《くに》の「国産優良品《こくさんゆうりょうひん》」に指定《してい》されたのです。

幸之助《こうのすけ》の会社《かいしゃ》は、社員《しゃいん》が三百人《びゃくにん》をこし、ますます発展《はってん》していきました。

しかし一九二九年《ねん》、世界的《せかいてき》な大不況《だいふきょう》が起《お》こりました。多《おお》くの工場《こうじょう》や会社《かいしゃ》がつぶれ、たくさんの人《ひと》が仕事《しごと》を失《うしな》いました。幸之助《こうのすけ》の会社《かいしゃ》もまた、商品《しょうひん》が売《う》れず、売《う》り上《あ》げが半分《はんぶん》になり、倒産《とうさん》の危機《きき》にさらされていました。

「社長《しゃちょう》、社員《しゃいん》を半分《はんぶん》にしないと、会社《かいしゃ》はつぶれてしまいます。」

こういうとき、昔《むかし》も今《いま》も、社員《しゃいん》を減《へ》らし、会社《かいしゃ》のピンチを乗《の》りきるのがふつうの経営者《けいえいしゃ》です。しかし、幸之助《こうのすけ》はちがいました。

「……社員《しゃいん》を辞《や》めさせれば、目《め》の前《まえ》の危機《きき》は乗《の》りこえられるかしれない。でも、会《かい》社《しゃ》を支《ささ》えてくれた社員《しゃいん》を不《ふ》幸《こう》にさせたくはない。だか

ら、社員《しゃいん》はクビにしない。生《せい》産《さん》を半分《はんぶん》に減《へ》らし、その分《ぶん》の空《あ》いた時間《じかん》に、売《う》れのこって倉庫《そうこ》にしまってある商品《しょうひん》を社員《しゃいん》みんなで売《う》ろう。」

この幸之助《こうのすけ》の決断《けつだん》に、クビになるとばかり思《おも》っていた社《しゃ》員《いん》たちは感激《かんげき》しました。そして幸之助《こうのすけ》の期待《きたい》に応《こた》えようと、全力《ぜんりょく》で商品《しょうひん》を売《う》りました。その結果《けっか》、会社《かいしゃ》は立《た》ちなおったのです。

このような、だれもできなかった決断《けつだん》ができた幸之助《こうのすけ》は「経営《けいえい》の神様《かみさま》」と呼《よ》ばれました。

また、そんな「経営《けいえい》の神様《かみさま》」幸之助《こうのすけ》が、ずっと経営《けいえい》の基本《きほん》にしていた考《かんが》え方《かた》を示《しめ》すものとして、次《つぎ》のような話《はなし》があります。

猛暑《もうしょ》のある日《ひ》、幸之助《こうのすけ》は家《いえ》の道《みち》ばたの水道《すいどう》から、水《みず》を飲《の》んでいる人《ひと》を見《み》かけました。ふつう、人《ひと》のものを勝手《かって》に飲《の》めば、どろぼうです。しかし、だれも文句《もんく》を言《い》いません。水道水《すいどうすい》だって、ただではありません。幸之助《こうのすけ》はなぜだろう……と考《かんが》え、ハッとしました。

「水道水《すいどうすい》は、蛇口《じゃぐち》をひねればいくらでも出《で》てくるし、料金《りょうきん》が安《やす》いからなんだ。会社《かいしゃ》の使命《しめい》もこれと同《おな》じで、電器製品《でんきせいひん》を、水道水《すいどうすい》のようにたくさん作《つく》れば安《やす》くなるし、だれもが気軽《きがる》に買《か》えるようになる。」

その言葉《ことば》のとおり、当時《とうじ》、値段《ねだん》が高《たか》かった電器製品《でんきせいひん》を、たくさん作《つく》り、よりいいものをより安《やす》く、ふつうの人《ひと》でも気軽《きがる》に手《て》に入《い》れることができることを、幸之助《こうのすけ》はずっと目指《めざ》してきました。

「これからは電気《でんき》の時代《じだい》になる。電器製品《でんきせいひん》で、みんなの生活《せいかつ》を豊《ゆた》かに便利《べんり》にしたい。」

そんな理想《りそう》をかかげて始《はじ》まった、幸之助《こうのすけ》の電器製品作《でんきせいひんづく》りの夢《ゆめ》は、やがて現実《げんじつ》となりました。そして、電器製品《でんきせいひん》で日常生活《にちじょうせいかつ》が豊《ゆた》かになった世《よ》の中《なか》を見守《みまも》りながら、九十四歳《さい》の生《しょう》がいを閉《と》じたのです。

松下幸之助《まつしたこうのすけ》
（一八九四〜一九八九年《ねん》）

日本の未来《みらい》のために塾《じゅく》を作《つく》った

松下幸之助《まつしたこうのすけ》は、二十一世紀《せいき》に理想《りそう》の日本を実現《じつげん》するために政治家《せいじか》をはじめ、いろいろな分野《ぶんや》のリーダーを育《そだ》てることが必要《ひつよう》だと考《かんが》えていました。

そこで一九七九年《ねん》、幸之助《こうのすけ》は自分《じぶん》の財《ざい》産《さん》七十億円《おくえん》を投《とう》じて松下政経塾《まつしたせいけいじゅく》を作《つく》りました。松下政経塾《まつしたせいけいじゅく》で学《まな》んだ人《ひと》の中《なか》から、多《おお》くの国会議員《こっかいぎいん》をはじめ、県知事《けんちじ》や市長《しちょう》になった人《ひと》が出《で》ています。

日本人《じん》で初《はじ》めて
宇宙《うちゅう》ステーションの
リーダーになった

若《わか》田《た》光《こう》一《いち》

文・高橋みか
絵・福田ゆうこ
協力・JAXA

二〇一一年《ねん》二月《がつ》、こんなニュースが発表《はっぴょう》されました。

「日本人《じん》初《はつ》のコマンダー誕生《たんじょう》！」

これまで宇宙飛行士《うちゅうひこうし》として、三度《ど》にわたるミッション（任務《にんむ》）を成《な》しとげてきた若田光一《わかたこういち》が、二〇一三年《ねん》十一月《がつ》から二〇一四年《ねん》五月《がつ》の飛行《ひこう》において、日本人《じん》として初《はじ》めてコマンダーに任命《にんめい》されたのです。

コマンダーとは、船《ふね》でいう船長《せんちょう》のことです。若田《わかた》は、宇宙《うちゅう》にある国際宇《こくさいう》宙《ちゅう》ステーションに、ほかの宇宙飛行士《うちゅうひこうし》とともにおよそ六か月間滞在《げつかんたいざい》し、最《さい》後《ご》の二か月間《げつかん》はコマンダーとして、国際宇宙《こくさいうちゅう》ステーション全体《ぜんたい》の指揮《しき》をとるのです。

地球《ちきゅう》から遠《とお》くはなれた宇宙《うちゅう》に長《ちょう》期間《きかん》いることは、とても大変《たいへん》な仕《し》

事《ごと》です。その間《かん》、こなさなくてはならないミッションもたくさんあります。そんな中《なか》で、それぞれちがう文化《ぶんか》を持《も》つ、さまざまな国《くに》から集《あつ》まってきた宇宙飛行士《うちゅうひこうし》たちをまとめなくてはなりません。

「『和《わ》の心《こころ》』を大切《たいせつ》にして、チームをまとめたい。」

ある新聞《しんぶん》の取材《しゅざい》に、若田《わかた》はこう答《こた》えました。かれはいったいどのようにして宇宙飛行士《うちゅうひこうし》になったのでしょうか。

一九六九年《ねん》七月二十日《がつはつか》。若田《わかた》は五歳《さい》のときに、テレビが映しだすある光景《こうけい》に、すっかり心《こころ》をうばわれていました。アメリカの宇宙船《うちゅうせん》アポロ十一号《ごう》が、世界《せかい》で初《はじ》めて月《つき》に着陸《ちゃくりく》した映像《えいぞう》が生中継《なまちゅうけい》されていたのです。

「こんな遠《とお》いところへ行《い》って、仕事《しごと》している人《ひと》がいるんだ。すごいなあ……。」

もちろんこのころの若田《わかた》は、宇宙《うちゅう》も、月《つき》も、地球《ちきゅう》ですら、なんのことやら、よくわかっていません。それでも食《く》いいるようにして、テレビの画面《がめん》を見《み》つめていました。

埼玉県大宮市《さいたまけんおおみやし》に生《う》まれた若田《わかた》は、活発《かっぱつ》で

外《そと》で遊《あそ》ぶことが大好《だいす》きな子《こ》どもでした。友《とも》だちをさそってザリガニつりに行《い》くこともしょっちゅうです。特《とく》に野球《やきゅう》が好《す》きで、小学《しょうがく》三年生《ねんせい》から六年生《ねんせい》までは、リトルリーグのチームに入《はい》っていました。勉強《べんきょう》よりも遊《あそ》ぶことに夢中《むちゅう》で、成績《せいせき》はそれほど優秀《ゆうしゅう》なほうではありませんでした。

高校生《こうこうせい》になると、野球部《やきゅうぶ》に入部《にゅうぶ》しました。ところが、毎日一生《まいにちいっしょう》けん命《めい》練習《れんしゅう》していたにもかかわらず、なかなか試合《しあい》に出《だ》してもらえません。かれよりも上手《じょうず》な選手《せんしゅ》がたくさんいたのです。それでも、とちゅうで投《な》げだすことなく、三年間《ねんかん》がんばりつづけました。結局最後《けっきょくさいご》まで補欠《ほけつ》のままでしたが、このときの、たとえ満足《まんぞく》のいく結果《けっか》は出《で》なくても最後《さいご》までやりとおした経験《けいけん》が、宇宙飛行士になるときに大《おお》いに役立《やくだ》つことになるのです。一九九一年《ねん》八月《がつ》。二十八歳《さい》になった若田《わかた》は、ある新聞記事《しんぶんきじ》に目《め》をうばわれていました。

「宇宙《うちゅう》飛行士《ひこうし》候補者《こうほしゃ》募集《ぼしゅう》」

確《たし》かに、そう書《か》いてあります。

若田《わかた》の頭《あたま》の中《なか》に、幼《おさな》いころに見《み》たアポロ十一号《ごう》の光景《こうけい》がよみがえってきます。このとき、若田《わかた》は羽田空港《はねだくうこう》で飛行機《ひこうき》を整備《せいび》する技術者《ぎじゅつしゃ》として働《はたら》いていました。小学生《しょうがくせい》のころ、初《はじ》めて家族《かぞく》で飛行機《ひこうき》に乗《の》ったときに、たまたま操縦席《そうじゅうせき》を見《み》せてもらったことがあり、それ以来《いらい》飛行機《ひこうき》に夢中《むちゅう》になっていたのです。そして、高校卒業後《こうこうそつぎょうご》、大学《だいがく》や大学院《だいがくいん》で飛行機《ひこうき》について学《まな》び、この仕事《しごと》についたのでした。

もちろん、飛行機《ひこうき》に関《かか》わる今《いま》の仕事《しごと》も、とても気《き》に入《い》っています。でも……。

宇宙飛行士《うちゅうひこうし》の候補者《こうほしゃ》に選《えら》ばれるのは、数百人《すうひゃくにん》の応募者《おうぼしゃ》の中《なか》から、たった一人《ひとり》か二人《ふたり》。

「だめでもともとなのだから、迷《まよ》うくらいなら応募《おうぼ》してみよう。」

そう考《かんが》えた若田《わかた》は、思《おも》いきって応募書類《おうぼしょるい》を送《おく》ります。これが、「宇宙飛行士《うちゅうひこうし》・若田光一《わかたこういち》」誕生《たんじょう》の、最初《さいしょ》の大《おお》きな一歩《いっぽ》だったのです。

「だめでもともと」という予想《よそう》に反《はん》して、難《むずか》しいテストや検査《けんさ》、面接《めんせつ》などの試験《しけん》に次《つぎ》つぎと合格《ごうかく》していきました。今《いま》までどおり飛行機《ひこうき》の整備《せいび》の仕事《しごと》を続《つづ》けながらたくさんの試験《しけん》をこなしていくのは、簡単《かんたん》なことではありません。最終試験《さいしゅうしけん》が終《お》わったときには、応募《おうぼ》してからすでに八か月《げつ》が過《す》ぎていました。

そんな苦《くる》しい日《ひ》びの中《なか》でも、若田《わかた》は「決《けっ》してつらくはなかった」と言《い》います。同《おな》じく宇宙《うちゅう》に行《い》きたいという夢《ゆめ》をもつ、大切《たいせつ》な仲間《なかま》たちと知《し》りあうことができたからです。この仲間《なかま》たちとは、何年《なんねん》もたった今《いま》でも連《れん》らくを取《と》りあっているそうです。

厳《きび》しい試験《しけん》を乗《の》りこえ、宇《う》宙《ちゅう》飛《ひ》行《こう》士《し》の候補者《こうほしゃ》に選《えら》ばれた若田《わかた》は、その後《ご》アメリカにあるジョンソン宇宙《うちゅう》センターで、宇宙飛行士《うちゅうひこうし》の資格《しかく》をとるための訓練《くんれん》にいどみました。

外国《がいこく》でのひとり暮《ぐ》らし、慣《な》れない英語《えいご》での会話《かいわ》、宇宙飛《うちゅうひ》行士《こうし》に必要《ひつよう》な知識《ちしき》を身《み》につけるための勉強《べんきょう》など、これまでやったことがないことばかりの毎日《まいにち》です。

特《とく》に言葉《ことば》のかべは、とても大《おお》きな問題《もんだい》でした。授業《じゅぎょう》も訓《くん》練《れん》ももちろんすべて英語《えいご》で、教官《きょうかん》や仲間《なかま》の話《はな》すスピードが速《はや》くてなかなかついていけません。本物《ほんもの》そっくりに作《つく》られた宇宙船《うちゅうせん》の模型《もけい》の中《なか》での訓練《くんれん》では、飛《と》び交《か》う英語《えいご》が聞《き》きとれず、宇宙船《うちゅうせん》をつい落《らく》させてしまったこともあります。これが、もし本番《ほんばん》だったら、大変《たいへん》なことになります。いつもは前向《まえむ》きな若田《わかた》も、このころはかなり落《お》ちこんでしまいました。

でも、いつまでもくよくよしている若田《わかた》ではありません。「早《はや》く正式《せいしき》な宇宙飛行士《うちゅうひこうし》になりたい」という一心《いっしん》で、とにかく毎日一生《まいにちいっしょう》けん命勉強《めいべんきょう》しました。きっとこのとき、高校《こうこう》の野球部《やきゅうぶ》で身《み》につけたがまん強《づよ》さが発揮《はっき》されたのでしょう。

厳《きび》しい訓練《くんれん》にたえ、さらにそれが終《お》わってからも、毎日英語《まいにちえいご》の勉強《べんきょう》に取《と》りくんだかいあって、若田《わかた》は日本で四人目《にんめ》の宇宙飛行士《うちゅうひこうし》として、NASA《ナサ》ミッションスペシャリストの資格《しかく》を、得《え》ることができました。このときもらった小《ちい》さな紙一枚《かみいちまい》の認定証《にんていしょう》は、大切《たいせつ》な宝物《たからもの》となったのです。

三年後《ねんご》の一九九六年《ねん》、若田《わかた》は初《はじ》めて宇宙《うちゅう》へと旅立《たびだ》ちました。そして、ロボットアームという装置《そうち》を操作《そうさ》し、宇宙空間《うちゅうくうかん》をただよう人工衛星《じんこうえいせい》を回収《かいしゅう》する大《おお》きなミッションにいどみました。

ロボットアームは、長《なが》さが十五メートルもある、大《おお》きな人間《にんげん》のうでのような機械《きかい》です。これを、宇《う》宙船《ちゅうせん》の中《なか》にある操縦室《そうじゅうしつ》で、たくさんの画面《がめん》に映《うつ》しだされる映像《えいぞう》を見《み》ながら操作《そうさ》す

るのです。もちろん、何度《なんど》も練習《れんしゅう》してはきましたが、重力《じゅうりょく》のない宇宙《うちゅう》の軌道上《きどうじょう》で、しかも動《うご》いている人工衛星《じんこうえいせい》をつかまえるのは、大変《たいへん》な作業《さぎょう》です。

仲間《なかま》たちが見守《みまも》る中《なか》、若《わか》田《た》が動《うご》かすロボットアームは、まるで本物《ほんもの》の人間《にんげん》のうでのようにしなやかに動《うご》き、みごと人工衛星《じんこうえいせい》をつかまえることができました。

さらに二〇〇〇年《ねん》には、二度目《どめ》の宇宙飛行《うちゅうひこう》を無事《ぶじ》に終《お》えます。そして二〇〇九年《ねん》の飛行《ひこう》では、なんと国際《こくさい》宇宙《うちゅう》ステーションに約《やく》四か月半《げつはん》も滞在《たいざい》することになりました。

宇宙《うちゅう》ステーションという限《かぎ》られた空間《くうかん》の中《なか》で、みんなで仲良《なかよ》く長期間《ちょうきかん》暮《く》らすためには、自分勝手《じぶんかって》な行動《こうどう》をとらないという強《つよ》い意志《いし》と、

仲間《なかま》を思《おも》いやる気持《きも》ちが何《なに》よりも大切《たいせつ》です。

若田《わかた》は、いっしょに宇宙《うちゅう》へ行《い》く仲間《なかま》たちとともに、これまで以上《いじょう》に厳《きび》しい訓練《くんれん》を乗《の》りこえ、日本の実験《じっけん》しせつ「きぼう」を完成《かんせい》させるという大仕事《おおしごと》を終《お》えて、帰《かえ》ってきました。

そして、二〇一三年《ねん》から二〇一四年《ねん》には、ついに日本人初《じんはつ》のコマンダーとして、

国際宇宙《こくさいうちゅう》ステーションでリーダーシップを発揮《はっき》しました。どんなときもくじけず、一つひとつのことを大切《たいせつ》にして仲間《なかま》たちとともにがんばってきた若田《わかた》の人《ひと》がらが、評価《ひょうか》されました。

若田《わかた》の、合計《ごうけい》四回《かい》、総宇宙滞在時間《そううちゅうたいざいじかん》三百《びゃく》四十七日《にち》八時間《じかん》三十三分《ぷん》という宇宙飛行《うちゅうひこう》の記録《きろく》は、日本人《じん》宇宙飛行士《うちゅうひこうし》として最《もっと》も長《なが》いものとなっています。

この本《ほん》を読《よ》んでいるみなさんへ

若田光一《わかたこういち》

私《わたし》たちの美《うつく》しいふるさとである日本は、地球上《ちきゅうじょう》の様《さま》ざまな国《くに》や地域《ちいき》とのつながりなしでは生《い》きていくことはできません。自分《じぶん》たちのまわりにある世界《せかい》に広《ひろ》く目《め》を向《む》け、世界《せかい》の人《ひと》びとと協《きょう》力《りょく》しながら、未知《みち》の世界《せかい》を探求《たんきゅう》し、これまでわからなかったことを一つひとつ発見《はっけん》し、問題《もんだい》を解決《かいけつ》していくことは、私《わたし》たち一人《ひとり》ひとりに暮《く》らしと心《こころ》の豊《ゆた》かさをもたらしてくれます。

二十一世紀《せいき》は、世界《せかい》の人《ひと》びとが力《ちから》を合《あ》わせてかけがえのない地球《ちきゅう》の環境《かんきょう》を守《まも》りながら、共《とも》に宇宙《うちゅう》での活動《かつどう》の場《ば》を拡《ひろ》げていく「地球人《ちきゅうじん》の世紀《せいき》」になるでしょう。そうした取《と》りくみを通《とお》して地球人《ちきゅうじん》としての新《あたら》しい文化《ぶんか》や価値観《かちかん》が生《う》まれてくると思《おも》います。

みなさんに「夢《ゆめ》」、「探究心《たんきゅうしん》」、「思《おも》いやり」の三つの言葉《ことば》をおくりたいと思《おも》います。

みなさん一人《ひとり》ひとりが持《も》っているそれぞれのすばらしい力《ちから》を生《い》かして、世界《せかい》に、そして宇宙《うちゅう》に大《おお》きく羽《は》ばたいてくれることを願《ねが》っています。

おうちの方へ

塩谷 京子

◇◇◇

六年生になると、何かと「小学校生活最後の〜」という言葉を聞くようになります。小学校生活最後の運動会、小学校生活最後の夏休みなど、別にこれで最後ではないのに、もう二度とない感覚はどこから来るのでしょうか。子どもだからこそ感じられること、子どもだからこそ見えること、子どもだからこそ許されたこと、六年生は子どもであることの特権を味わえる最後の年齢です。

青という漢字があります。青には「若い」「未熟の」という意味もあります。大人でもなく子どもでない年齢、子どもから大人になっていく年齢、それがこれからやってくる青年と呼ばれる中学生・高校生時代なのです。だからこそ、この一年は急がないで過ごしてほしい、十分子ども時代を堪能してほしいと願っています。

自分と家族、自分と社会、自分と自然、自分と科学、自分と歴史など、自分以外の「他」に心を向けるときは五感を使いますからゆっくり流れている時間が必要です。同じ一日を過ごしていますが、お子さんには時間がたっぷりあります。大人とは流れ方が違うのです。ときには、お子さんの一日の過ごし方を観察してみてはいかがでしょうか。疲れて休みたいという信号を出していますか。友だち関係が心配という表情をしていますか。なんとなく元気がないという感じが伝わってきますか。それとも、エネルギー全開で、バタンキューで眠りについていますか。スポーツに、夢中になっていますか。好きな本を、夢中で読んでいますか。お子さんの過ごすゆっくりとした時間の流れが、伝わってきますか。

もし、心が疲れているようでしたら朝日にお子さんをあててください。体内時計が動くようになります。もし、脳が疲れているようでしたら真っ暗にして眠ってみてはいかがでしょうか。電気をつけて寝ていると脳が休めないようです。お子さんのちょっとした変化は距離を置くことで見えてきます。見えることで、そっとバランスをとってあげることができます。

青の時代を動かす原動力をはぐくむ今、子どもであるからこそできること、子どもだからこそ感じ取れることにも目を向け、今がいちばん輝いているお子さんとともに、おうちの方にも充実した日々を過ごしてほしいと願っています。

塩谷京子（しおや きょうこ）

静岡県生まれ。
関西大学大学院総合情報学研究科 博士課程修了 博士（情報学）。
静岡市公立小学校教諭、関西大学初等部教諭（中高等部兼務）を経て、
現在、放送大学客員准教授。

〈 主な著書 〉

『探究の過程における　すぐ実践できる情報活用スキル55』（単著）ミネルヴァ書房
『司書教諭の実務マニュアル　シオヤ先生の仕事術』（単著）明治図書出版
『小学校　明日からできる！　読書活動アイデア事典』（共著）明治図書出版
『本をもっと楽しむ本－読みたい本を見つける図鑑』全４巻（監修）学研
『しらべる力をそだてる授業！』（共著）ポプラ社

監修　塩谷京子
表紙絵　スタジオポノック／山下明彦　©STUDIO PONOC
装丁・デザイン　株式会社マーグラ
編集協力　グループ・コロンブス（偉人のとびら）　近野十志夫（偉人のとびら）　入澤宣幸
協力　足尾銅山観光管理事務局
写真提供　PIXTA　Photolibrary
肖像絵　角慎作

よみとく10分

10分で読める伝記　6年生

2011年10月28日　第1刷発行
2019年10月15日　増補改訂版第1刷発行
2023年10月20日　増補改訂版第6刷発行

発行人　土屋　徹
編集人　代田雪絵
企画編集　井上　茜　西田恭子　矢部絵莉香
発行所　株式会社Gakken
〒141-8416　東京都品川区西五反田2-11-8
印刷所　TOPPAN株式会社

【編集部より】
※本書は、『10分で読める伝記6年生』（2011年刊）を増補改訂したものです。
※この本は、2019年9月現在の情報にもとづいた内容になっていますが、内容によっては異なる説もあります。また、人物の言葉や一部のエピソードは、設定や史実をもとに想定したものです。挿絵は史実にもとづきながらも、小学生が楽しめるよう、親しみやすく表現しています。

【この本に関する各種お問い合わせ先】
- 本の内容については、下記サイトのお問い合わせフォームよりお願いします。
  https://www.corp-gakken.co.jp/contact/
- 在庫については　Tel 03-6431-1197（販売部）
- 不良品（落丁、乱丁）については　Tel 0570-000577
  学研業務センター　〒354-0045 埼玉県入間郡三芳町上富279-1
- 上記以外のお問い合わせは　Tel 0570-056-710（学研グループ総合案内）

ここからは、本《ほん》のうしろから読《よ》んでね。

深《ふか》い関係《かんけい》にある人《ひと》はどれ？〈偉人《いじん》のとびら②〉の答《こた》え

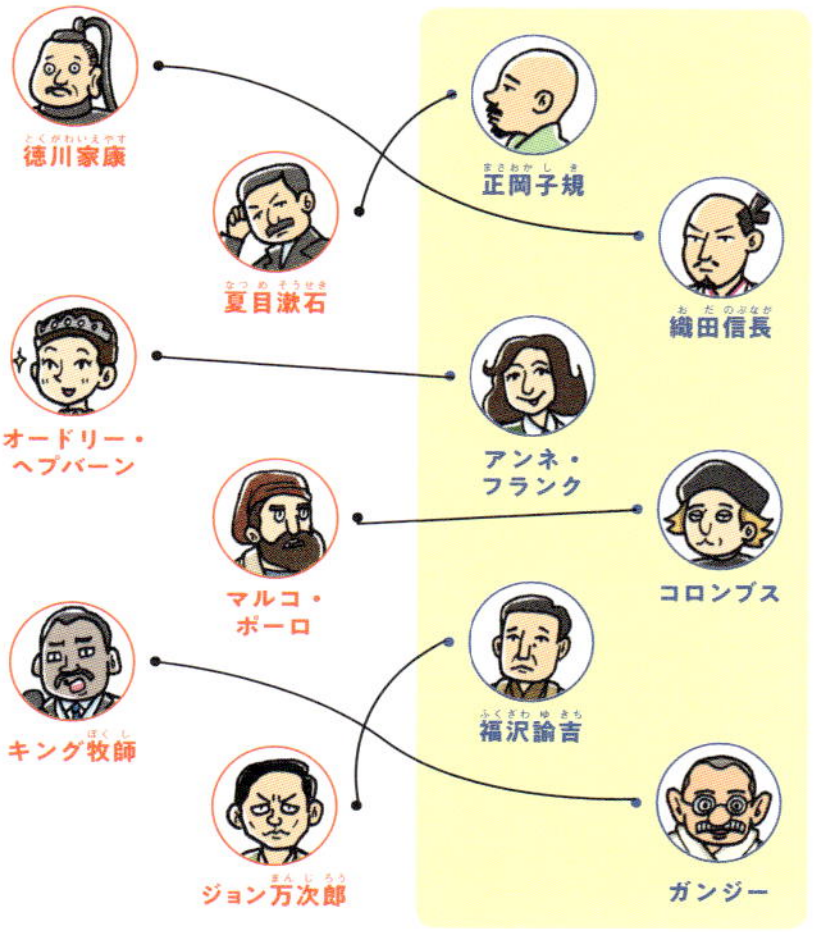

- **徳川家康《とくがわいえやす》と織田信長《おだのぶなが》**

  ▶清洲同盟《きよすどうめい》を結《むす》んだ（→ 34 ページ）

- **夏目漱石《なつめそうせき》と正岡子規《まさおかしき》**

  ▶愛媛《えひめ》の松山《まつやま》でともに暮《く》らした（→ 46 ページ）

- **オードリー・ヘプバーンとアンネ・フランク**

  ▶オードリーは、似《に》た境《きょう》ぐうだったアンネに自分《じぶん》を重《かさ》ねた（→ 86 ページ）

- **マルコ・ポーロとコロンブス**

  ▶マルコの『東方見聞録《とうほうけんぶんろく》』が、コロンブスを航海《こうかい》にかりたてた（→ 101 ページ）

- **キング牧師《ぼくし》とガンジー**

  ▶キングは、ガンジーの非暴力《ひぼうりょく》の考《かんが》えに強《つよ》くひかれた　（→ 124 ページ）

- **ジョン万次郎《まんじろう》と福沢諭吉《ふくざわゆきち》**

  ▶ともに使節団《しせつだん》の一員《いちいん》として、咸臨丸《かんりんまる》でアメリカへわたった　（→ 164 ページ）

夏目漱石《なつめそうせき》作品《さくひん》カルタ〈偉人《いじん》のとびら⑤〉の答《こた》え

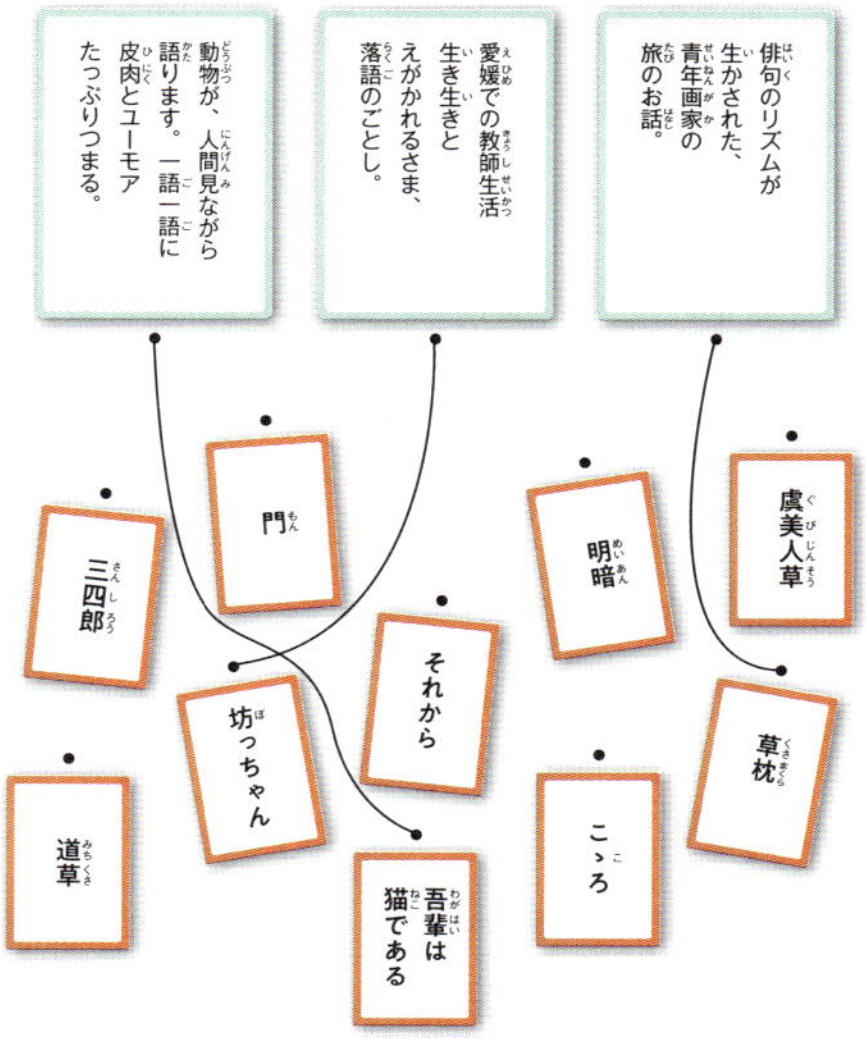

119ページ
キング牧師

キング牧師《ぼくし》だけじゃない！ 人《ひと》びとの心《こころ》を打《う》った名演説《めいえんぜつ》

「私《わたし》には夢《ゆめ》がある」と語《かた》ったキング牧師《ぼくし》。すばらしい演説《えんぜつ》は人《ひと》の心《こころ》を打《う》ち、いつまでも語《かた》りつがれる。2000年代《ねんだい》に行《おこな》われた名演説《めいえんぜつ》をしょうかいするよ。

「人生最後《じんせいさいご》の一日《いちにち》と思《おも》って生《い》きよ」

2005年《ねん》、コンピュータ会社《がいしゃ》アップルの創始者《そうししゃ》**スティーブ・ジョブズ**が、アメリカのスタンフォード大学《だいがく》で行《おこな》ったスピーチは深《ふか》い感動《かんどう》を呼《よ》びました。自《みずか》らの生《お》いたちや、がんで余命半年《よめいはんとし》であることを話《はな》し、**本意《ほんい》でない人生《じんせい》を生《い》きて時間《じかん》をむだにしないように**と、学生《がくせい》たちに熱《あつ》く語《かた》りかけました。

「核《かく》のない平和《へいわ》な世界《せかい》を！」

2009年《ねん》、チェコのプラハで、アメリカの**バラク・オバマ大統領《だいとうりょう》**（当時《とうじ》）は核《かく》をなくすための具体的《ぐたいてき》な目標《もくひょう》をかかげた演説《えんぜつ》を行《おこな》いました。核《かく》を使用《しよう》したことのあるただ一つの核保有国《かくほゆうこく》として、アメリカが先頭《せんとう》に立《た》って、**核兵器《かくへいき》のない世界《せかい》の平和《へいわ》**を実現《じつげん》しようとのべました。

「一本《ぽん》のペンが世界《せかい》を変《か》える」

パキスタンの少女《しょうじょ》**マララ・ユスフザイ**は、女性《じょせい》が教育《きょういく》を受《う》ける権利《けんり》を主張《しゅちょう》しました。そのためにおそわれて重傷《じゅうしょう》を負《お》ったにもかかわらず、力強《ちからづよ》い信念《しんねん》をもって行動《こうどう》するマララの言葉《ことば》は、世界中《せかいじゅう》で共感《きょうかん》を呼《よ》びました。2013年《ねん》に国連《こくれん》で演説《えんぜつ》し、「**一人《ひとり》の子《こ》ども、一人《ひとり》の教師《きょうし》、一冊《さつ》の本《ほん》、一本《ぽん》のペンが世界《せかい》を変《か》えられる**」の言葉《ことば》がよく知《し》られています。

103ページ
田中正造

田中正造《たなかしょうぞう》が問題《もんだい》にした足尾銅山《あしおどうざん》ってどんなところ？

日本の近代化《きんだいか》にこうけんした一方《いっぽう》で、鉱毒《こうどく》の公害《こうがい》を起《お》こした銅山《どうざん》。
田中正造《たなかしょうぞう》が命《いのち》をかけて採掘《さいくつ》をやめさせようとした足尾銅山《あしおどうざん》は、
いったいどんなところだろう。

佐野市郷土博物館《さのしきょうどはくぶつかん》に立《た》つ田中正造《たなかしょうぞう》の銅像《どうぞう》。

その昔《むかし》「日本一の鉱都《こうと》」と呼《よ》ばれて栄《さか》えた足尾銅山《あしおどうざん》は、田中正《たなかしょう》造《ぞう》が鉱毒《こうどく》をうったえたあとも、およそ80年《ねん》にわたって銅《どう》がほりつづけられました。今《いま》でも、えんとつがそびえていた当時《とうじ》の工場《こうじょう》や、銅《どう》を採掘《さいくつ》した坑道《こうどう》を見《み》ることができます。

トロッコに乗《の》って坑内体験《こうないたいけん》！

坑道《こうどう》の中《なか》は、トロッコと徒歩《とほ》で見《み》てまわることができます。等身大《とうしんだい》の人形《にんぎょう》を使《つか》った展示《てんじ》では、つらい採掘作《さいくつさ》業《ぎょう》の様子《ようす》がわかります。ほった銅《どう》は、日光東照宮《にっこうとうしょうぐう》や江《え》戸城《どじょう》のかわらにも使《つか》われました。

43ページ
夏目漱石

夏目漱石《なつめそうせき》作品《さくひん》カルタ

伝記《でんき》に登場《とうじょう》した夏目漱石《なつめそうせき》の作品《さくひん》を、カルタ風《ふう》にしてみたよ。
上《うえ》の読《よ》み札《ふだ》が、下《した》のどの作品《さくひん》を指《さ》しているか、当《あ》てよう。

俳句《はいく》のリズムが生《い》かされた、青年画家《せいねんがか》の旅《たび》のお話《はなし》。

愛媛《えひめ》での教師生活《きょうしせいかつ》生《い》き生《い》きとえがかれるさま、落語《らくご》のごとし。

動物《どうぶつ》が、人間見《にんげんみ》ながら語《かた》ります。一語《ご》一語《ご》に皮肉《ひにく》とユーモアたっぷりつまる。

門《もん》

三四郎《さんしろう》

明暗《めいあん》

虞美人草《ぐびじんそう》

それから

坊《ぼ》っちゃん

草枕《くさまくら》

道草《みちくさ》

こゝ《こ》ろ

吾輩《わがはい》は猫《ねこ》である

答《こた》えは偉人《いじん》のとびら⑧へ

徳川《とくがわ》家康《いえやす》 びっくりエピソード

江戸《えど》に幕府《ばくふ》を開《ひら》き、長《なが》く平和《へいわ》な時代《じだい》のもとを築《きず》いた徳川家康《とくがわいえやす》だけど、びっくりするようなエピソードが残《のこ》されているよ。

びっくりエピソード1 天下《てんか》の将軍《しょうぐん》なのにドケチ！

新《あたら》しい着物《きもの》をほとんど買《か》わない、ドケチというくらいの倹《けん》約家《やくか》だったそうです。ふんどしもよごれが目立《めだ》たない、うすい黄色《きいろ》のものを愛用《あいよう》していたという説《せつ》もあります。

びっくりエピソード2 趣味《しゅみ》が超多彩《ちょうたさい》！

剣術《けんじゅつ》や馬術《ばじゅつ》の達人《たつじん》だったほか、囲碁《いご》や将棋《しょうぎ》、能《のう》、薬作《くすりづく》りなど、いろいろな趣味《しゅみ》がありました。特《とく》に、タカなどの鳥《とり》を使《つか》って獲物《えもの》をとる「タカ狩り」は、家康《いえやす》の趣味《しゅみ》として有名《ゆうめい》です。

びっくりエピソード3 新《あたら》しいモノ大好《だいす》き！

コンパス、えんぴつ、メガネなど、当時《とうじ》はめずらしかった海外《かいがい》の品物《しなもの》をたくさん持《も》っていたとか。時計《とけい》も好《す》きで、スペイン国王《こくおう》からおくられた置《お》き時計《どけい》をとても大切《たいせつ》にしていました。

家康《いえやす》が愛用《あいよう》した足袋《たび》や、ふんどしが、今《いま》でもたくさん残《のこ》されているよ。

10ページ
シュリーマン

シュリーマンが見《み》た日本

シュリーマンは、トロイ発掘調査開始前《はっくつちょうさかいしまえ》の1865年《ねん》に、幕末《ばくまつ》の日本を訪《おとず》れ、旅行記《りょこうき》におどろきを記《しる》しているんだ。シュリーマンの見《み》た日本は、どんな様子《ようす》だったのかな。

日本人《じん》はおふろ大好《だいす》き

日本人《じん》が世界《せかい》でいちばん清潔《せいけつ》な民族《みんぞく》であることはまちがいないね。どんな に貧《まず》しくても、一日《にち》に一度《ど》は町《まち》にたくさんある公《こう》衆浴場《しゅうよくじょう》に通《かよ》ってるんだから。

コマがスゴイ

江戸《えど》には大きなおもちゃ屋《や》がたくさんあって値段《ねだん》も安《やす》い。それと仕上《しあ》げが完《かん》ぺきで仕《し》かけが細《こま》かいね。フランスやドイツの職人《しょくにん》もかなわない。中《なか》でもコマはすごく、種類《しゅるい》も多《おお》いんだ。

日本の教育《きょういく》はすばらしい

日本はとても文明化《ぶんめいか》されていて、教育《きょういく》はヨーロッパの文明国以上《ぶんめいこくいじょう》にいきわたっているんだ。日本では男女《だんじょ》ともに読《よ》み書《か》きができる人《ひと》が多《おお》い。

偉人《いじん》クイズ 深《ふか》い関係《かんけい》にある人《ひと》はどれ？

左《ひだり》はこの本《ほん》に登場《とうじょう》する偉人《いじん》たち。それぞれ関係《かんけい》のある人《ひと》を右《みぎ》から選《えら》び、どんな関係《かんけい》だったか、ふりかえってみよう。

徳川家康《とくがわいえやす》

夏目漱石《なつめそうせき》

オードリー・ヘプバーン

マルコ・ポーロ

キング牧師《ぼくし》

ジョン万次郎《まんじろう》

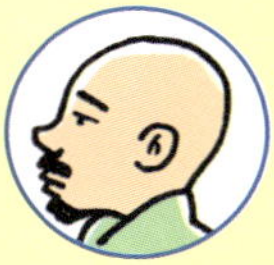
正岡子規《まさおかしき》

織田信長《おだのぶなが》

アンネ・フランク

コロンブス

福沢諭吉《ふくざわゆきち》

ガンジー

答《こた》えは偉人《いじん》のとびら⑧へ

偉《い》人《じん》のとびら

伝記《でんき》に出《で》てきた偉人《いじん》たちを、
クイズやエピソードで、もっとくわしく学《まな》ぼう！

絵・なかさこかずひこ!／オオタヤスシ